Le mystère des faux billets

Huguette Zahler

Head, Foreign Department
Head, French as a Second Language
École Active Bilingue Jeannine Manuel
Paris, France

AMSCO SCHOOL PUBLICATIONS, INC.
315 Hudson Street, New York, N.Y. 10013

Other Amsco books by Huguette Zahler:
Une mystérieuse disparition
Le vol de la Joconde
Un été pas comme les autres

Cover illustration and excerpts from LE PETIT PRINCE
by Antoine de Saint-Exupéry,
copyright 1943 and renewed 1971 by Consuelo de Saint-Exupéry,
reproduced and reprinted by permission of Harcourt Brace & Company.

Please visit our Web site at:

www.amscopub.com

Book design by MERRILL HABER
Illustrations and maps by SUSAN DETRICH

When ordering this book, please specify:
either **R 670 P**
or LE MYSTÈRE DES FAUX BILLETS

ISBN 1-56765-316-2
NYC Item 56765-316-1

Preface

Le mystère des faux billets offers intermediate students an engaging reader that combines an exciting detective story with insights into many aspects of French culture. An unlikely, but likable, pair of detectives, a 15-year old French girl and her grandfather, attempt to solve the mysterious appearance in Paris of counterfeit 50-franc banknotes.

The reader is timely, as 1999 will see the introduction of Euro money in France and in the rest of Europe, where it is scheduled to replace all national monies by 2002. And the year 2000 is the centenary of the writer Antoine de Saint-Exupéry, who, with the hero of his famous book, *The Little Prince,* is featured on that very 50-franc banknote. Both the coming of the Euro and the celebrity of the aviator-author and of his beloved little prince play an important part in the story and are currently stirring great interest in France as well. Readers will enjoy discovering the link between the Euro and the counterfeit notes.

The plot moves briskly from Paris to Brittany and holds the reader in suspense from beginning to end. Helping along are some intriguing characters, and the style is lively and thoroughly up to date. Written entirely in the present, it is easy to read; unusual expressions are glossed in the text margins so as not to interrupt the flow of the story. Dialog is used extensively throughout, immersing students in the richness of everyday French and providing the basis for conversational practice.

Exercises in each chapter are linked to the story and provide practice in varied skills: reading comprehension, vocabulary, conversation, and oral or written composition. Many are based on authentic documents and maps. There are also interactive activities, word games, and puzzles. Cultural notes linked to the story give interesting information on a variety of subjects and are the basis for individual or group research or discussion.

Le mystère des faux billets gives students the enjoyable experience of reading a complete mystery story, while improving their control of language, their vocabulary, and their knowledge of French culture.

H. Z.

Chapitre 1

Manon est très heureuse: c'est demain la rentrée des classes après les vacances de Noël. Elle est contente de retrouver ses amis et de parler de ses cadeaux.

5 Manon a 15 ans, elle habite à Paris, rue du Chemin Vert, près de la Bastille, dans le onzième arrondissement◆. Elle est en 3ème◆, au Collège◆ François Mitterrand◆, et, en général, elle aime bien l'école, sauf, cette année, le cours de géographie.

10 Ce jour-là son grand père est chez elle. Il vient souvent la voir car il adore sa petite-fille. Il habite dans le quinzième, avenue Emile Zola, et, maintenant qu'il est à la retraite il a beaucoup de temps libre.

15 Manon décide d'aller faire quelques courses à la papeterie.

MANON: Papie◆, je vais faire des courses. Tu viens avec moi?

PAPIE: Non, je veux finir mes mots croisés. Qu'est-
20 ce que tu vas acheter?

MANON: Oh, des trucs pour l'école, demain.

PAPIE: Viens ici une minute.

Le grand-père cherche dans sa poche et sort deux billets de 50 francs.

25 PAPIE: Tiens, prends ça.

MANON: Oh, merci Papie, je t'adore!

la rentrée *first day of school*

à la retraite *retired*

faire des courses *go shopping*
la papeterie *stationery store*

un/des mots croisés *crossword puzzle(s)*
un truc *thing*

Et Manon donne un gros baiser à son grand-père.

un baiser *kiss*

MANON: À tout à l'heure alors et... encore merci!

En descendant la rue vers la papeterie du bou-
30 levard Richard Lenoir, Manon pense à ce qu'elle va
acheter. Elle a 180 francs: les deux billets de son
grand-père et 80 francs à elle. Peut-être un nouveau
cahier de texte... Son cahier est couvert de dessins:
Manon aime beaucoup dessiner, surtout pendant les
35 cours, quand elle trouve que c'est ennuyeux, et,
justement, cette année, il y a la géographie!
Devant la papeterie elle rencontre son amie Marielle qui l'embrasse:

un cahier de texte
  *assignment
  notebook*
un dessin *drawing*
ennuyeux (-euse)
  boring

MARIELLE: Tiens, tu fais des courses pour demain?

40 MANON: Oui, mon Papie vient de me donner deux
billets de 50 francs, en tout j'ai 180 francs.

MARIELLE: Moi, je veux acheter un nouveau stylo
et une gomme.

une gomme *eraser*

Manon et Marielle entrent dans la boutique. Il n'y
45 a pas beaucoup de monde. Toutes les cartes de Noël
sont en solde.

en solde *on sale*

MARIELLE: Dis donc, c'est le moment d'acheter des
cartes pour Noël prochain. Regarde les prix!

MANON: Non merci! J'aime mieux dépenser mon
50 argent pour maintenant! Tiens, je vais prendre ces
deux cahiers pour le cours d'anglais et pour le
cours de maths.

MARIELLE: Je vais aux stylos. Tu viens?

MANON: Deux minutes, j'arrive, je veux voir les
55 cahiers de texte.

⊟ Pendant que Marielle choisit son stylo, Manon
trouve un superbe cahier de texte avec, sur la couverture, une photo de son groupe préféré, les TROIS Z.
Il coûte 85 francs, c'est un peu cher évidemment,

60 mais elle en a très envie. Elle pense qu'un si beau
cahier... elle va le garder propre, même pendant le
cours de géographie!

elle en a très envie
she really wants it

MARIELLE: Regarde, voilà le stylo qui me plaît. Il
est élégant, tu ne trouves pas?

qui me plaît that I
like

65 MANON: Oui, il n'est pas mal. Il coûte combien?

MARIELLE: 80 francs, c'est exactement ce que j'ai.
Tant pis pour la gomme. Tu viens?

tant pis too bad

MANON: Non, je veux prendre autre chose.

MARIELLE: Je te quitte alors, mon frère m'attend
70   pour aller au cinéma.

MANON: Bon, ben , à demain.

bon, ben o.k., so . . .

MARIELLE: Oui, à demain, 8h30... hélas!

Après le départ de Marielle, Manon continue à regarder et choisit un surligneur jaune fluorescent et
75 une boîte de trombones de couleur. Elle décide
quand même d'additionner ses achats.

un surligneur high-
lighter
un trombone paper
clip

MANON: Bon, voyons: 85F + deux fois 25F pour les
cahiers, ça fait 135 francs + 40 + 30, ça fait 205
francs. Zut, c'est trop. Bon, si j'enlève les trom-
80   bones, ça fait 175 francs, c'est parfait. Il va même
me rester 5 francs!

Manon s'approche de la caisse où elle pose tous les
objets. La caissière les enregistre.

la caisse cash
register
les enregistre rings
them up

LA CAISSIÈRE: Voilà Mademoiselle, ça fait 175
85   francs.

Manon lui donne ses deux billets de 50 et 75
francs en pièces.

MANON: Tenez, le compte est bon.

La caissière compte la monnaie, prend les deux
90 billets et va les mettre dans son tiroir-caisse quand,
soudain, elle hésite. Elle regarde Manon d'un air

le tiroir-caisse cash
drawer

curieux, prend, sur une étagère voisine, une sorte de   une étagère *shelf*
boîte noire dont le haut semble lumineux, met un
billet dans la boîte, le regarde attentivement, met
95 l'autre billet, et, d'un air méprisant, annonce: d'un air méprisant
                                                                with contempt

LA CAISSIÈRE: Mais, Mademoiselle, ces deux billets
sont faux!

QUESTIONS

A. Choisissez la proposition ou les mots qui complètent le mieux
la phrase.

1. Manon est contente de retourner en classe
   a) parce qu'elle va au Collège François Mitterrand.
   b) pour retrouver ses amis.
   c) pour être en 3ème.

2. Le grand-père de Manon vient souvent la voir
   a) parce qu'il ne travaille plus.
   b) parce qu'il habite dans le quinzième.
   c) pour lui donner de l'argent.

3. Manon veut acheter un nouveau cahier de texte
   a) car elle déteste la géographie.
   b) pour dépenser 180 francs.
   c) parce que son cahier de texte est couvert de dessins.

4. À la papeterie, les cartes de Noël sont
   a) plus chères.
   b) moins chères.
   c) aussi chères.

5. Marielle doit rentrer chez elle
   a) pour aller voir un film.
   b) pour écrire à son frère.
   c) parce que demain, c'est la rentrée.

6. En tout, Manon achète pour
   a) deux cent cinq francs de marchandise.
   b) cent soixante-quinze francs de marchandise.
   c) cent trente-cinq francs de marchandise.

7. À la caisse, Manon donne
   a) la somme exacte.
   b) trop d'argent.
   c) pas assez d'argent.

8. La caissière
   a) met les deux billets dans la caisse.
   b) accepte les deux billets.
   c) refuse les deux billets.

B. Complétez ce texte avec les verbes de la liste suivante. Chaque verbe doit être utilisé une fois.

achète	déteste	est	préfère	sont
adore	donne	finit	quitte	va
coûte	embrasse	habite	rencontre	

Manon __1__ à Paris et elle __2__ au Collège François Mitterrand. Cette année, elle __3__ le cours de géographie mais elle __4__ dessiner. Son grand-père __5__ très généreux avec elle et il lui __6__ deux billets de 50 francs. Devant la papeterie elle __7__ son amie Marielle et, comme c'est la coutume en France, elle l' __8__ .

Marielle __9__ un stylo qui __10__ 80 francs mais Manon __11__ un cahier de texte. Marielle __12__ Manon pour aller au cinéma avec son frère. L'histoire __13__ mal pour Manon car ses deux billets __14__ faux!

CULTURE

1. THE SCHOOL SYSTEM in France is set up as follows:

   a) Le Primaire: **l'école primaire** equivalent to Primary school (6 to 10 years old)

Age	Classe	Grade
6	cours primaire	1st
7	cours élémentaire 1	2nd
8	cours élémentaire 2	3rd
9	cours moyen 1	4th
10	cours moyen 2	5th

b) **Le collège:** equivalent to Junior High School (11 to 14 years old)

11	sixième (6ème)	6th
12	cinquième (5ème)	7th
13	quatrième (4ème)	8th
14	troisième (3ème)	9th

c) **Le lycée:** equivalent to High School: (15 to 17 years old)

15	seconde (2nde)	10th
16	première (1ère)	11th
17	terminale (Ter)	12th

Notice that High School in France starts in 10th grade. In Terminale, students take a very difficult final examination called **le baccalauréat (le bac)** that is necessary to enter the university. Only about 65% of students pass that examination.

À VOUS!

1) How do you say Junior High in French?
2) What is a Lycée?
3) In what grade would a 14-year old be in France? a 16-year old?

2. SCHOOL VACATIONS, in France, take place about every six to seven weeks. The exact dates for the winter and spring vacations depend on the region. The summer vacation lasts two months: July and August. Here are typical dates for Paris and its region.

RENTRÉE	TOUSSAINT	NOËL	HIVER	PRINTEMPS	PENTECÔTE	ÉTÉ
mardi 2 septembre *au matin* pour les élèves du primaire et les collégiens mercredi 10 septembre *au matin* pour les lycéens	du vendredi 24 octobre *après la classe* au mardi 4 novembre *au matin*	du samedi 20 décembre *après la classe* au mardi 7 janvier *au matin*	du mercredi 19 février *après la classe* au mercredi 5 mars *au matin*	du samedi 12 avril *après la classe* au lundi 28 avril *au matin*	du vendredi 16 mai *après la classe* au mercredi 21 mai *au matin*	samedi 28 juin

Compare with vacations in the USA. When do you have vacations in your school? Count the total number of weeks during the year French students do not go to school. How about you? Which system do you prefer?

3. Paris is divided into 20 administrative districts (called <u>ARRONDISSE-MENTS</u>). In each arrondissement there is an elected mayor (**le maire**) who works in the town hall (**la mairie**). There is also a mayor overseeing the entire city of Paris in the Paris City Hall (**l'Hôtel de Ville**) located in the fourth arrondissement.

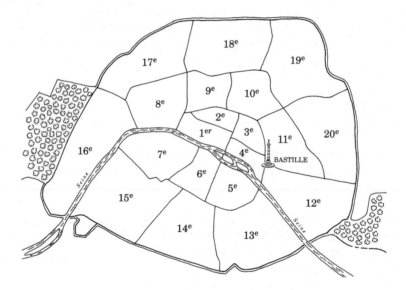

Can you find the arrondissements where Manon and her grandfather live on the map above?

4. Although some young children now call their <u>GRANDPARENTS</u> by their first names, it is still very common to call your grandfather **Papie** (or **Pépé**) and grandmother **Mamie** (or **Mémé**). There are variations according to regions and families. Very often when children refer to their grandparents, especially when they get a little older, they say **"mon grand-père, ma grand-mère."**

> À VOUS!

What do you call your grandparents? Find out what people in your class call their grand-parents.

5. FRANÇOIS MITTERRAND (1916-1996) was President of France from 1981 to 1995.

François MITTERRAND 1916-1996

3,00

RÉPUBLIQUE FRANÇAISE

> À VOUS!

1) Can you find more details about him?
2) Look for information on other French famous leaders, presidents, or kings before the French Revolution (for example: Charles de Gaulle, Louis XIV, Jeanne d'Arc) and make a short report on one of them.

JEU INTERACTIF: JEU DE RÔLE — À LA PAPETERIE.

Préparez une liste d'objets que l'on peut acheter dans une papeterie/librairie et décidez de leur prix en francs. Échangez les listes et jouez une scène client(e) / vendeur (-euse).

Sample conversation:
— Bonjour Mademoiselle, vous désirez?
— Je voudrais un grand cahier, s'il vous plaît.
— Voici deux cahiers.
— Ce cahier est très bien. C'est combien?
— C'est 30 francs.
— Bon, voilà un billet de 50 francs.
— Merci; voilà 20 francs de monnaie.

Chapitre 2

Manon est rouge, toute rouge de honte.

la honte *shame*

MANON: Mais, Madame, c'est impossible!

LA CAISSIÈRE: Regardez vous-même; vous allez voir.

Elle remet un des deux billets dans la boîte et
5 Manon s'approche. A la lumière qui vient du haut de
la boîte on peut observer le billet.

la lumière *light*

LA CAISSIÈRE: Vous voyez, la bande métallique n'est
pas argentée, et, là, sous la lampe à ultraviolet il
n'y a pas de mouton.

argenté *silvery*

10 MANON: Quel mouton?

LA CAISSIÈRE: Le mouton du Petit Prince, tenez, regardez ce vrai billet, là, en filigrane.

le filigrane
watermark

Manon doit se rendre à l'évidence: sur le vrai billet on voit distinctement un petit mouton et la bande
15 est argentée.

se rendre à
l'évidence *accept
the truth*

MANON: C'est incroyable. Euh... excusez-moi, Madame.

Encore toute rouge de honte, oubliant ce qu'elle
vient de choisir, elle ramasse précipitamment sa
20 monnaie et va prendre les billets quand la caissière
lui dit:

précipitamment
quickly

LA CAISSIÈRE: Attention, vous n'allez pas les donner dans une autre boutique!

les *them*

MANON: Non, bien sûr, je vais les rendre à mon...

25   Mais elle s'arrête à temps. Elle ne veut pas avoir
l'air de dire que son grand-père est un faussaire.   un faussaire
      Dans la rue elle parle toute seule.   *counterfeiter*

MANON: Incroyable, franchement: les deux billets!   franchement
      Ah non, trop, c'est trop! Qu'est-ce que je vais dire   *frankly*
30   à Papie? Qu'est-ce que je vais faire?

      Elle décide de ne rien dire. Elle va aller directe-
ment dans sa chambre pour ne pas rencontrer son
grand-père.
      Malheureusement, quand elle ouvre la porte, son
35 Papie est là, le journal à la main.

PAPIE: Alors, montre ce que tu as.

MANON: Euh, rien... je n'ai rien.

PAPIE: Comment rien? Pourquoi?

      Manon ne sait pas quoi dire. Elle est toute rouge.
40 Elle regarde par terre.   par terre *on the*
                                                                ground

PAPIE: Voyons, il y a quelque chose. Qu'est-ce qui
      se passe?

MANON: Et bien, ce sont les billets...

PAPIE: Les billets? Quels billets?

45 MANON: Tes deux billets de 50 francs...

PAPIE: Et bien, mes billets, qu'est-ce qu'ils ont?

MANON: Ils... ils sont faux.

PAPIE: Faux! Mais, qu'est-ce que tu dis? C'est im-
      possible!

50   Alors Manon raconte toute l'histoire à son grand-
père: la boîte magique, la bande métallique, le mou-
ton◆ invisible...

PAPIE: Fais voir ces billets. J'en ai un autre; on va   fais voir *show me*
      comparer.

55   Il sort un troisième billet de son portefeuille et ils
l'examinent attentivement

MANON: Tu vois, cette bande argentée. Sur les
deux autres elle est marron.

PAPIE: Oh, marron, je ne sais pas... Elle n'a pas
60   vraiment de couleur, mais, c'est vrai, elle n'est pas
argentée. Et le mouton?

MANON: Ah, ça, il faut la boîte magique pour le
voir!

PAPIE: Ce n'est pas une boîte magique, voyons,
65   c'est un détecteur de faux billets!

MANON: Je sais bien, je ne suis pas complètement
stupide! Mais, au fait.... D'où viennent ces billets?

⊟ PAPIE: Attends que je cherche....Voyons...   attends que je
                                                              cherche *let me*
                                                              think
MANON: Du métro peut-être?

70 PAPIE: Non, j'ai ma Carte Orange◆.

MANON: Dans un grand magasin? Au BHV◆, pour
le sèche-cheveux?   le sèche-cheveux
                                                              hair dryer
PAPIE: Non, c'est la Carte Bleue◆. Attends, je sais.
C'est à la boulangerie.

75 MANON: À la boulangerie près de chez nous?

PAPIE: Non, près de chez moi, ce matin, pour la
galette des rois◆.

Car, le 6 janvier, en France, c'est le Jour des Rois
et on mange de la galette. Une galette spéciale avec
80 une fève cachée à l'intérieur et la personne qui la   une fève *charm*
trouve est la reine ou le roi. Et comme en France on   la reine *queen*
aime bien manger, on fête les Rois pendant tout le   le roi *king*
mois de janvier...

PAPIE: Oui, c'est ça, je m'en souviens: la galette   je m'en souviens *I*
85   coûte 115 francs, je donne un billet de 200 francs   *remember*
et 15 francs de monnaie.

MANON: Alors on te rend un billet de 100 francs!

PAPIE: Justement non, Mademoiselle, deux billets de 50.

90 MANON: Alors, il n'y a aucun doute. C'est bien ça...

PAPIE: Oui, c'est certain. Mais... OH NON!

MANON: Quoi? Qu'est-ce qu'il y a ?

PAPIE: Je viens de penser à une chose horrible: cette boulangerie... c'est la boulangerie qui est au
95   coin de la rue du Commerce et de la rue du Théâtre...

MANON: Et alors?

PAPIE: Je... je crois comprendre...

MANON: Comprendre quoi?

100 PAPIE: Cette boulangerie... et bien, le fils des boulangers... il est en prison.

QUESTIONS

A. VRAI OU FAUX? Dites si la phrase suivante est vraie ou fausse. Si elle est fausse, donnez la bonne réponse.

1. La caissière met le faux billet dans une boîte spéciale.

2. Sur le faux billet la bande métallique est argentée.

3. Manon est rouge de colère.

4. Elle décide de ne rien dire à son grand-père, mais c'est impossible.

5. Le grand-père de Manon n'est pas étonné d'apprendre que les billets sont faux.

6. Le troisième billet du grand-père est aussi faux.

7. Les deux billets viennent de la boulangerie près de chez Manon.

8. Le 6 janvier, en France, on mange de la galette.

9. La galette achetée par le grand-père de Manon coûte 200 francs.

10. Le fils des boulangers fait les galettes des rois pour la boulangerie de ses parents.

B. RÉSUMÉ: Complétez le résumé de ce deuxième chapitre avec un des mots de la liste. ATTENTION! il y a plus de mots qu'il n'en faut!

---

appartement	honte	faux	téléphone
grand-père	content	quartier	viennent
découvre	père	furieux	vrais

Dans ce chapitre, Manon __1__ que les billets sont __2__ . Elle a __3__ et n'ose pas le dire à son __4__ . Quand il l'apprend, il est étonné et __5__ .

 Il pense que les deux billets __6__ de la boulangerie de son __7__ .

CULTURE

1. The **CARTE ORANGE** is a subway and bus pass which people buy each month. With it you can use the subway or the bus as often as you want during that month.

> ☐ À VOUS!
>
> Trace this Carte Orange into your notebook and fill in your name. Write the number on the coupon. (You may also put your picture on it!)

2. La **CARTE BLEUE** (**carte à puce**) is a credit card with an electronic chip: you need an access code to use it.

> ☐ À VOUS!
>
> Imagine your access code (4 digits) and practice saying it in French.

3. The BHV: **Bazar de l'Hôtel de Ville** is a large <u>DEPARTMENT STORE</u> <u>IN PARIS.</u> Other department stores are: **Le Printemps, Les Galeries Lafayette, La Samaritaine, Le Bon Marché.** They are called **les grands magasins.**

4. The <u>GALETTE DES ROIS</u> is a special cake eaten in France on January 6th to commemorate the three kings' visit to Jesus in the manger, in the Christian religion. It is usually made of puff dough and sold with

 a gold paper crown. Whoever finds the charm hidden inside (**la fève**) is "king" or "queen" for the day. In fact it may be eaten during the entire month of January, so that by February you have had enough!

À VOUS!

The galette des rois is made of puff pastry and often filled with almond paste. Here is the recipe. Why don't you make one? Don't forget the "fève"!

— Defrost frozen puffed pastry sheets and cut 2 equal circles, each 1/2″ thick.
— Mix together one cup powdered almonds, 1/2 cup granulated sugar, 1/2 stick softened unsalted butter, and 2 eggs.
— Place one of the circles on a greased baking sheet. Spread the almond paste in the middle and hide the charm (any small object that can be cooked) inside.
— Cover with the second circle, press sides together. Paint the top with egg yolk and criss-cross with the tip of a knife.
— Cook 30 minutes in preheated oven. Take out and spread powdered sugar on the top. Cook another 10 minutes.
— Serve warm and . . . don't forget the crown.

5. <u>ANTOINE DE SAINT-EXUPÉRY</u> is a French writer and pilot (1900-1944). He is famous for his book LE PETIT PRINCE. It is the story of a little boy who travels from planet to planet in search of friends. This story has been translated into many languages and is well known in the entire world.

Try to find *The Little Prince* in English in the school library, in a bookstore, or at home, and read it for fun.

6. <u>THE 50-FRANC BILL</u>: It was first issued in 1993 to commemorate the dual 50th Anniversary of the publication of *The Little Prince* as well as Saint-Exupéry's death. It shows the writer, his plane, and the Petit Prince.

A VOUS!

Can you find all the design elements that refer to the writer and to his favorite character?

COMPRÉHENSION AUDITIVE.

Écoutez les passages et les dialogues et trouvez la meilleure réponse à la question posée.

1. De quelle couleur est le stylo que Guillaume va acheter?
   a) rouge
   b) jaune
   c) bleu

2. Où est la boulangerie qui fait d'excellentes galettes?
   a) près de chez ma grand-mère.
   b) près du métro.
   c) près de chez Marguerite.

3. Le boulanger rend combien de monnaie?
   a) 25 francs.
   b) 75 francs.
   c) 100 francs.

4. Quel cours est-ce que Claire n'aime pas cette année?
   a) le cours de français.
   b) le cours de géographie.
   c) le cours d'anglais.

Chapitre 3

Le grand-père de Manon est furieux. Il décide de rentrer chez lui et de passer à cette fameuse boulangerie.

Manon l'accompagne au métro Bastille et elle es-
5 saie de le calmer.

MANON: Voyons, Papie, ce n'est pas si grave!

PAPIE: Pas si grave, pas si grave...tu crois peut-être que je suis riche?

MANON: Mais non, je sais bien que tu n'es pas
10   riche. Quand même, c'est seulement 100 francs...

PAPIE: Ce n'est pas vraiment la question, mais, l'honnêteté, alors? Qu'est-ce que tu en fais? Tu trouves ça normal de fabriquer des faux billets?

MANON: C'est vrai, tu as raison. Mais comment
15   peux-tu être certain que c'est ton boulanger?

PAPIE: Hum, tu sais, avec un fils en prison! De toutes façons, je vais lui dire deux mots. Tiens, me voilà au métro, allez, à bientôt ma chérie.

MANON: Tu m'appelles, hein?

20 PAPIE: Oui, bien sûr!

Le grand-père de Manon descend dans le métro et prend la direction Balard. Il a de la chance, c'est direct jusqu'à Commerce, sa station de métro.

Il habite dans un grand immeuble de l'avenue
25   Emile Zola depuis 25 ans. Son appartement est trop grand pour lui, maintenant que sa femme (la grand-mère de Manon) est morte. (Il y a déjà 8 ans!) Mais il adore son quartier, surtout la rue du Commerce où

se trouve son restaurant préféré, le Café du Com-
30 merce◆, (il y mange au moins deux fois par semaine)
et où il y a beaucoup de boutiques.

Et puis, il a un balcon. Il cultive des roses. Sur 5m²   5m² *54 square feet*
il en a douze variétés!

Au lieu de rentrer chez lui, il décide d'aller di-
35 rectement parler au boulanger.

Le grand-père de Manon est un homme bien élevé;   bien élevé *polite*
il ne veut pas faire de scandale dans la boutique. Il
choisit donc un moment où la boulangerie est vide —
ce qui est facile car il est 15h30 et en France les gens
40 achètent leur pain le matin, le midi et le soir◆.

⊟ LA BOULANGÈRE: Bonjour Monsieur Pierre, ça va
aujourd'hui?

PIERRE: Bonjour Madame, et bien non, justement,
ça ne va pas du tout!

45 LA BOULANGÈRE: Ah bon! Qu'est-ce qui ne va pas?

PIERRE: Tenez, regardez ces deux billets!

Et le grand-père de Manon sort les faux billets de
son portefeuille

LA BOULANGÈRE: Et alors?

50 PIERRE: Ce sont des faux billets... et ils viennent
d'ici!

LA BOULANGÈRE: D'ici? C'est impossible!

PIERRE: C'est très possible au contraire. C'est
même exact! Ils viennent d'ici!

55 LA BOULANGÈRE: Écoutez, revenez demain. Je vais
parler à mon mari.

Le grand-père de Manon, Pierre Roustain, c'est
son nom, n'est pas content du tout. Oh, ce n'est pas
vraiment la question des 100 francs perdus... Non,
60 c'est l'horreur qu'il a de tout ce qui est malhonnête.
Il est *droit comme un i*, comme on dit, et il est très
mal à l'aise.   mal à l'aise *uneasy*

Sans s'en rendre compte il est en train de faire le
tour du square. Il pense à la vie, au passé, à Manon
65 aussi. Et, soudain, il a l'impression très nette qu'on
l'observe. Il se retourne brusquement: quelqu'un—
un homme, pense-t-il—se cache vite derrière un des
gros arbres du square. Pierre se demande qui le
suit? Pour quelle raison? Pour en avoir le cœur net,
70 il change de direction et traverse le square dans sa
largeur. L'homme est toujours caché, mais on peut
voir sa veste et ses chaussures blanches...

sans s'en rendre compte without realizing it

se cacher to hide

en avoir le cœur net to find what's going on

PIERRE: Une veste blanche...mais, c'est le boulanger!

75 Pierre Roustain est aussi un homme d'action: il se
dirige rapidement vers l'arbre mais, au moment où
il va le toucher, le boulanger — car c'est bien lui —
part en courant dans la direction opposée à la boulangerie...

se diriger to go

80 PIERRE: Attendez, attendez, Monsieur Vernouillé,
attendez...

Mais il crie en vain. Le boulanger, plus jeune que
lui, est déjà loin.

QUESTIONS

A. Complétez les phrases suivantes d'après le texte de ce
chapitre.

1. Le grand-père de Manon est furieux parce que ____.

2. Pour rentrer chez lui Manon l'accompagne ____.

3. Pour lui, une qualité très importante est ____.

4. Sa station de métro s'appelle ____.

5. Depuis que sa femme est morte, son appartement ____.

6. Il adore son quartier parce que ____.

7. Dans la boulangerie, il attend un moment où la boutique est vide parce que ____.

8. En France, on achète le pain ____.

9. Pierre doit revenir à la boulangerie pour ____.

10. Pierre est très mal à l'aise car ____.

11. Dans le square, Pierre voit quelqu'un qui ____.

12. L'homme qui l'observe est ____.

13. Monsieur Vernouillé part ____.

14. Le grand-père de Manon court moins vite que le boulanger parce que ____.

B. Complétez la colonne de gauche avec les mots qui conviennent de la colonne de droite.

1. Il aime beaucoup	a. la direction Balard.
2. Dans le métro, il prend	b. porte une veste blanche.
3. Sur son balcon, il cultive	c. l'observe.
4. Il n'y a pas beaucoup de monde	d. des roses.
5. Dans le square, il pense	e. car il est 15h30.
6. Il a l'impression que quelqu'un	f. son quartier.
7. L'homme qui se cache	g. au passé.

C. Retrouvez les expressions françaises en vous servant des dessins.

Exemple: Il aime la justice, il est droit comme... i un "i".

1. Il est gentil, il est doux comme ____

2. Il est heureux comme ____

3. Il est léger comme ____

4. Il est tout petit, il est haut comme ____

5. Il est tout rouge, rouge comme ____

6. Il est très sale, sale comme ____

Réponses: un cochon, trois pommes, une tomate, une plume,
un poisson dans l'eau, un agneau

CULTURE

1. The typical <u>FRENCH BREAD</u>, the **baguette**, a long, thin, crusty loaf, is still the most popular. However, there are many other types of breads in France: the **pain de fantaisie** is larger than the baguette, the **ficelle,** thinner and shorter; **pain viennois** is made with milk; **pain brioché** is slightly sweet and light-textured; **pain de mie** is baked in a loaf pan; **pain de campagne** has a thick crust; **pain de seigle** is rye bread and **pain complet** is whole wheat and bran.

French bread must be eaten fresh and, therefore, it is made three times a day, for breakfast, lunch, and dinner.

Many customers go early in the morning to get a fresh baguette or a **croissant**, especially on weekends. Working people tend to buy bread in the evening, on the way back from work. At lunch time many bakeries make sandwiches.

À VOUS!

1) In France, one eats bread with each meal. Can you find out how important bread is for the students in your class?

2) Bread has been for a long time the basis of food in France. Find out what is the equivalent in some other countries?

2. Le Café du Commerce is a very old and popular restaurant. At lunch time it is full of people who work in the neighborhood.

Jeu Interactif

Avec le menu du Café du Commerce, jouez des dialogues entre le/la serveur (-euse) et le/la client(e).

Sample conversation:
— Bonjour, Monsieur. Vous désirez?
— Pour commencer, je voudrais une soupe du jour.
— Et ensuite? Et comme boisson?
— Vous voulez un dessert?
— Voilà l'addition.
— Merci et au revoir.

LA CARTE

MENU GOURMET
Frs 115,00

UNE ENTRÉE
UN PLAT
UN DESSERT
à choisir sur la carte

ENTRÉES

Assiette de Charcuterie	frs 25,00	Soupe du Jour	frs 20,00
Mousse de Saumon	frs 23,00	Soupe de Poissons	frs 32,00
Foie Gras de Canard	frs 37,00	Saucisson et Pommes	frs 24,00
Escargots en Caquelon	frs 36,00	Crudités et Salade	frs 20,00

POISSONS

Saumon grillé Persil frit	frs 70,00	Sole Meunière	frs 80,00
Morue fraîche Aioli	frs 69,00	Truite au Basilic	frs 68,00

FORMULE BISTROT
Frs 85,00

UNE ENTRÉE • UN PLAT
OU
UN PLAT • UN DESSERT

Crudités
Saucisson de Morteau
Poireaux Vinaigrette
Soupe du Jour

Ravioles de Poissons
Saumon grillé
Poulet sauce Suprême
Gigôt d'Agneau

Tartes aux pommes
Crème caramel
Mousse au chocolat

VIANDES

Poulet Sauce Suprême	frs 58,00	Poulet aux Échalotes	frs 62,00
Poulet rôti aux Épinards	frs 60,00	Magret de Canard	frs 71,00
Blanquette de Veau	frs 71,00	Escalope au Citron	frs 60,00
Steack Pommes Frites	frs 67,00	Bœuf à la Mode	frs 58,00
Entrecôte Béarnaise	frs 68,00	Bœuf Bourguignon	frs 60,00
Filet de Bœuf au Poivre	frs 70,00	Tomates farcies	frs 50,00
Gigôt d'Agneau	frs 62,00	Côtelettes au Romarin	frs 65,00
Filet de Porc à la Crème	frs 60,00	Cassoulet Toulousain	frs 58,00
Choucroute garnie	frs 61,00	Confit de Canard	frs 69,00

DESSERTS

Assortiment de Fromages	frs 25,00	Tarte aux Fraises	frs 29,00
Crème Brulée à la Vanille	frs 29,00	Gâteau au Chocolat	frs 20,00
Tarte Chaude Normande	frs 29,00	Salade de Fruits	frs 25,00
Parfait au Café	frs 26,00	Sorbets au choix	frs 20,00

Chapitre 4

À peine rentré chez lui, Pierre Roustain se précipite sur le téléphone pour appeler Manon.

à peine *hardly*

PIERRE: Allo, Manon?

MANON: Oui, Papie? Alors?

5 PIERRE: Et bien, c'est incroyable, le boulanger vient
de se cacher derrière un arbre pour me suivre!

pour me suivre *to follow me*

MANON: Quoi? Qu'est-ce que tu dis? Se cacher?

Pierre raconte alors toute l'histoire à sa petite
fille.

10 MANON: En effet, c'est bizarre... Tu penses donc
qu'il est coupable?

coupable *guilty*

PIERRE: Ben, écoute, pourquoi me suivre? Pourquoi
se cacher?

MANON: Alors, qu'est-ce que tu vas faire?

15 PIERRE: Je ne sais pas, je ne veux pas aller à la police... Je ne suis sûr de rien!

MANON: Il faut retourner à la boulangerie, parler
au boulanger et en savoir davantage.

PIERRE: Oui, il est maintenant 16h30. J'y vais; je
20 veux en avoir le cœur net.

MANON: Tu me rappelles dès ton retour, d'accord?

PIERRE: Oui, bien sûr! Allez, à plus tard.

MANON: Bonne chasse, Papie!

bonne chasse *happy hunting*

Pierre Roustain repart donc vers la rue du Com-
25 merce. Il entre dans la boulangerie mais ne dit rien:
il y a deux clientes qui achètent des gâteaux. Il attend leur départ. La boulangère semble nerveuse.

PIERRE: Alors, que dit votre mari?

LA BOULANGÈRE: Hum... rien... Il ne sait rien!

30 PIERRE: Est-ce que je peux le voir?

LA BOULANGÈRE: Euh, il n'est pas là.

PIERRE: Ah oui? Vous en êtes certaine?

À ce moment-là, du fond de l'arrière-boutique, une
voix se fait entendre.

une arrière bou-
tique *back-room*

35 LE BOULANGER: Bon, ça suffit, me voilà, qu'est-ce
que vous voulez?

ça suffit *that's
enough*

Il entre dans la boutique. Il semble fatigué. Il
parle très bas.

PIERRE: Et bien, ce sont ces deux billets de 50
40   francs, ils sont faux.

Et Pierre sort, une deuxième fois, les deux
billets◆ de son portefeuille.

LE BOULANGER: Et alors?

PIERRE: Ils viennent d'ici.

45 LE BOULANGER: Comment pouvez-vous en être si
sûr?

PIERRE: Je le sais. Je viens d'acheter une galette
des rois, ce matin.

LE BOULANGER: Cela ne prouve rien.

50 PIERRE: Mais si, je suis sûr que ces billets viennent
d'ici. Je demande une explication!

LE BOULANGER: Il n'y a RIEN à expliquer, rien du
tout. Allez-vous-en!

PIERRE: Vous savez que je peux aller porter plainte
55   à la police?

porter plainte *to make a complaint*

LE BOULANGER: Et bien, allez-y, on a l'habitude de
la police, nous.

LA BOULANGÈRE: Voyons, Antoine, calme-toi... Pourquoi ne pas lui dire?

60   PIERRE: Me dire quoi?

LE BOULANGER: Ne mêle pas Monsieur Pierre à nos
histoires, s'il te plaît.

mêler *to mix*
nos histoires *our problems*

PIERRE: Quelles histoires?

LA BOULANGÈRE: Et bien, moi, je ne suis pas de ton
65   avis... J'en ai assez de tout ça!

je ne suis pas de ton avis *I don't agree wth you*

PIERRE: Assez de quoi? Allons, Madame Vernouillé,
vous me connaissez depuis longtemps, qu'est-ce
qui se passe?

LA BOULANGÈRE: Des faux billets! Vous voulez voir
70   des faux billets de 50 francs? Tenez, ouvrez donc
cette boîte et regardez bien!

Alors, devant le boulanger et sa femme, Pierre
ouvre la boîte et, avec stupeur, découvre des billets
de 50 francs, beaucoup de billets, trop de billets pour
75   pouvoir les compter...

PIERRE: Ils sont tous faux?

LE BOULANGER: Oui, Monsieur Pierre, ils sont tous
faux.

PIERRE: Et il y en a combien?

80   LA BOULANGÈRE: 257 exactement.

PIERRE: Mais, d'où viennent-ils?

LA BOULANGÈRE: Des clients, tout simplement, des
clients...

PIERRE: Mais, pourquoi ne dites-vous rien?

85 LE BOULANGER: Quand la boutique est pleine de
   monde, on ne voit rien, et, après, on a peur, peur
   de la police.

   LA BOULANGÈRE: Vous savez que notre petit est en   *notre petit* our son
   prison, n'est-ce pas?

90 PIERRE, très gêné: Euh, oui, en effet.

   LE BOULANGER: Mais vous ne savez peut-être pas
   pourquoi?

   PIERRE: Non, en effet...

   Le grand-père de Manon est très mal à l'aise de-
95 vant la douleur de ces pauvres gens...

   LA BOULANGÈRE: Et bien, il est en prison pour...
   fabrication de fausses pièces de 10 francs!

QUESTIONS

A. Choisissez la proposition ou les mots qui complètent le mieux
la phrase.

---

1. Pierre Roustain téléphone à sa petite-fille
   a) à 4h30.
   b) avant 4h30.
   c) après 4h30.

2. Il décide de retourner à la boulangerie
   a) pour comprendre ce qui se passe.
   b) car il a mal au cœur.
   c) pour acheter des gâteaux.

3. Il parle à la boulangère
   a) devant les clientes.
   b) avant l'arrivée des clientes.
   c) après le départ des clientes.

4. Le boulanger vient parler avec Pierre
   a) à regret.
   b) avec enthousiasme.
   c) rapidement.

5. Dans la boîte que montrent les boulangers il y a
   a) cinquante billets de cinquante francs.
   b) deux cent cinquante-sept billets de cinquante francs.
   c) vingt-cinq billets de cinquante francs, plus sept francs.

6. Les faux billets viennent
   a) de la prison du fils des boulangers.
   b) de la police.
   c) des clients.

7. Les boulangers ne voient pas qu'on leur donne les faux billets
   a) parce qu'il y a beaucoup de monde dans la boutique.
   b) parce qu'ils ont peur de la police.
   c) parce qu'ils voient mal.

8. Le fils des boulangers est en prison
   a) car c'est un voleur.
   b) car c'est un faussaire.
   c) car il est malheureux.

B. Les cinq phrases suivantes résument le chapitre. Remettez-les dans le bon ordre.

a. Le boulanger et sa femme ont peur de la police.	1. ____
b. Pierre téléphone à sa petite-fille.	2. ____
c. Les boulangers ont une boîte pleine de faux billets.	3. ____
d. Pierre parle au boulanger.	4. ____
e. Pierre retourne à la boulangerie.	5. ____

C. MOTS CROISÉS

VERTICALEMENT

1. Les billets de 50 francs sont...
2. Nom du boulanger.
3. Où on fait le pain.
4. Les faux billets sont dans une...
5. Prénom du grand-père de Manon.

HORIZONTALEMENT

6. Le boulanger est fatigué, il parle...
7. Nom du grand-père de Manon.
8. La petite-fille de Pierre.
9. Quelqu'un qui achète quelque chose dans un magasin.
10. Contraire de "garçon".

◆ CULTURE

1. <u>LES PIÈCES DE MONNAIE</u> en France sont : 1 franc, 2 francs, 5 francs, 10 francs, 20 francs

2. <u>LES BILLETS</u> en France sont:

50 francs qui représente the writer and pilot Antoine de Saint-Exupéry, son avion, le Petit Prince.

100 francs qui représente the painter Paul Cézanne et deux de ses célèbres peintures, *Les Joueurs de cartes*, et les natures mortes de pommes.

200 francs qui représente l'ingénieur Gustave Eiffel et des éléments de ponts métalliques et de sa fameuse tour à Paris.

500 francs qui représente Pierre et Marie Curie, deux grands savants français (prix Nobel de physique et chimie)

À VOUS!

1) Dessinez des pièces et des billets français sur du carton. Découpez-les et vous pourrez les employer dans les dialogues et les scènes que vous jouez.

2) Cherchez des renseignements supplémentaires sur les Français représentés sur les billets de 100 et de 500 francs et faites un rapport à la classe.

JEU INTERACTIF: AU THÉÂTRE.

Par groupes de trois, les élèves vont jouer une partie de la scène de ce chapitre qui se passe à la boulangerie.

Acteurs / actrices:
la boulangère, le boulanger, Pierre Roustain

Accessoires:
une boîte (pleine de faux billets), une chemise blanche pour la boulangère, une chemise blanche et une casquette blanche pour le boulanger.

Première partie:
Début: Pierre entre dans la boulangerie et attend le départ des clientes.
Fin: Le boulanger dit: "Cela ne prouve rien".

Deuxième partie:
Début: Pierre dit: "Mais si, je suis sûr que les billets . . ."
Fin: La boulangère dit: "Tenez, ouvrez donc cette boîte et regardez bien!"

Troisième partie:
La fin du chapitre

Chapitre 5

Pierre Roustain commence à comprendre: le boulanger qui le suit, sa femme qui semble si nerveuse, ils ont peur de la police... à cause de leur fils, c'est simple comme bonjour! Il est très gêné de toutes ces questions, il sait bien combien c'est pénible d'avoir un fils en prison, lui, un ancien juge... Et pourtant, en rentrant chez lui, il ne peut s'empêcher de sourire. Sous le tragique de la situation il y a aussi un élément comique: le fils est en prison pour fabrication de fausses pièces et les parents ont une boîte pleine de faux billets...

gêné *uneasy*

Avant de monter chez lui, le grand-père de Manon décide de passer à la poste. La poste est au coin de la rue de Lourmel et de la rue du Théâtre. Il fait, secrètement, collection de timbres et il passe de temps en temps à la poste pour voir ce qu'il y a de nouveau. Sa collection est «secrète», car c'est un cadeau qu'il prépare pour les 17 ans de Manon. Il sait que les timbres neufs augmentent vite de valeur et c'est une collection commencée le jour de la naissance de sa petite fille. Bien sûr, avec le FAX et le courrier électronique, les gens utilisent de moins en moins de timbres, mais, en France, le gouvernement continue à émettre des timbres superbes, à la grande joie des collectionneurs♦.

le courrier électronique *e-mail*

émettre *to issue*

Il va directement au guichet n°1, le guichet spécialisé dans les timbres de collection. L'employé le connaît bien.

le guichet *ticket window*

PIERRE: Salut, Yves. Il y a du nouveau?

30 YVES: Ah, bonjour Monsieur Roustain, du nou-
        veau? Non, je ne pense pas. Regardez vous-même.

    PIERRE: Celui-là, je ne l'ai pas.

    YVES: Mais si, il date du mois dernier, vous savez,
        c'est le timbre de l'inauguration du stade de
35   France.

    PIERRE: Ah oui, en effet. Bon, alors il n'y a rien. Et
        vous, ça va?

    YVES: Oui, je prends quelques jours de vacances à
        la fin du mois.

40 PIERRE: Vous allez en Bretagne? Comme d'habi-
        tude?

    YVES: Oui, bien sûr, j'y vais pour une petite se-
        maine; je dois travailler à partir du 1er février.

    PIERRE: Bon, alors à la semaine prochaine. Vous
45   partez quand?

    YVES: Oh, pas avant le 23 janvier. Passez en début
        de semaine, je pense recevoir une nouvelle série.

    PIERRE: C'est entendu. Allez, bonne soirée.   c'est entendu *I
                                                                    agree, sure, O.K.*
    YVES: Au revoir Monsieur Roustain, à bientôt.

50 Le grand-père de Manon aime bien quand Yves est
    au guichet n°1 car il comprend son amour des beaux
    timbres. Yves a l'âme d'un collectionneur, c'est évi-   une âme *soul*
    dent, Pierre se promet de lui demander, un jour, ce
    que lui, il collectionne. Malheureusement il ne se
55 trouve pas toujours à ce guichet et les autres em-
    ployés sont bien moins aimables.
⏚   De retour chez lui Pierre appelle sa petite fille.

    PIERRE: Allo, Manon?

    HÉLÈNE: Papa? Non, c'est moi, ça va?

60 Hélène est la maman de Manon et la fille de Pierre.

PIERRE: Oui, très bien, Manon est là?

HÉLÈNE: Non, elle est chez une copine, elle revient
65   dans une demi-heure, c'est urgent?

> une copine *girl friend (coll)*

PIERRE: Pas vraiment, c'est une histoire... Rien
d'important.

HÉLÈNE: Les faux billets?

PIERRE: Ah, tu es au courant?

> être au courant *to know*

70   HÉLÈNE: Oui, il y a du nouveau?

PIERRE: Écoute, dis-lui que les boulangers sont innocents... C'est tout. Qu'elle m'appelle à son retour.

HÉLÈNE: Bon, d'accord Papa, je me sauve, je dois
75   préparer le dîner, j'ai des invités ce soir, des amis
de Gérard. Bonsoir Papa.

> se sauver *to run*

PIERRE: Bonsoir Hélène. Embrasse Gérard et
Manon.

Hélène, la maman de Manon, est dentiste et
80   Gérard, son père, professeur de philosophie. Pierre
aime bien son gendre, même s'il n'a pas les mêmes
idées politiques, car son sens de l'humour est irré-
sistible.

> le gendre *son-in-law*

Il est maintenant 19h30, une demi-heure avant le
85   journal télévisé. Pierre s'installe confortablement
dans son fauteuil, sort le journal qu'il vient d'acheter
en quittant la poste et se met à le lire. Il tombe
brusquement sur un petit article, en bas de la troisième page, dont le titre le fait sursauter:

> le journal télévisé *TV news*

> sursauter *to jump*

INVASION INQUIÉTANTE
DE FAUX BILLETS DE 50 FRANCS

QUESTIONS

A. Répondez aux questions suivantes avec une phrase complète.

1ère partie: à la poste

1. Pour le grand-père de Manon, quel est l'élément comique de la situation, pourtant tragique, des boulangers?

2. Pourquoi passe-t-il à la poste?

3. Le cadeau qu'il prépare pour les 17 ans de Manon, qu'est-ce que c'est?

4. Comment s'appelle l'employé de la poste?

5. Pourquoi est-ce que l'employé connaît bien le grand-père de Manon?

6. Que représente le dernier timbre acheté par Pierre?

7. Où Yves part-il en vacances?

8. Quand part-il?

9. Pourquoi Pierre aime-t-il quand Yves est au guichet n°1?

10. Quelle est la spécialité du guichet n°1?

2ème partie: Chez Pierre

1. Qui répond au téléphone?

2. Où est Manon?

3. Qui est Gérard?

4. Que fait la maman de Manon?

5. Que fait son papa?

6. Pourquoi Pierre aime-t-il bien son gendre?

7. À quelle heure est le journal télévisé?

8. Quel est l'article de journal que Pierre voit soudain?

9. Est-ce que c'est un article très long?

10. Où, exactement, se trouve-t-il dans le journal?

B. Complétez les phrases de la colonne de gauche avec les mots de la colonne de droite. Attention: il y a trop de mots dans la colonne de droite!

a) Les boulangers ont peur de la police à cause de	1. aimable.
	2. de timbres.
	3. leur fils.
b) Pierre comprend bien car c'est	4. faux billets.
c) Il sait que les timbres neufs augmentent vite	5. le 1er février
	6. de valeur.
d) Les gens utilisent de moins en moins	7. philosophiques
	8. prison.
e) Yves part en vacances pour	9. un ancien juge.
	10. un fauteuil.
f) Yves est très	11. une semaine
g) Pierre et Gérard n'ont pas les mêmes idées	12. politiques.
h) Pierre lit son journal dans	

C. Descriptions.

1) Imaginez les parents de Manon, Hélène et Gérard, et faites une description physique (âge, cheveux, yeux, taille etc.). Vous pouvez travailler individuellement ou en groupes.
2) Pouvez-vous imaginer quelles sont les idées politiques (différentes) de Pierre et de Gérard?

D. Plan.

Sur ce plan du quartier de Pierre Roustain, pouvez-vous placer:
a) la poste: au coin nord-ouest de la rue du Théâtre et de la rue de Lourmel.
b) la boulangerie: au coin sud-est de la rue du Théâtre et de la rue du Commerce.
c) l'immeuble où habite le grand-père de Manon: 112 avenue Emile Zola.
d) le Café du Commerce: 51 rue du Commerce.

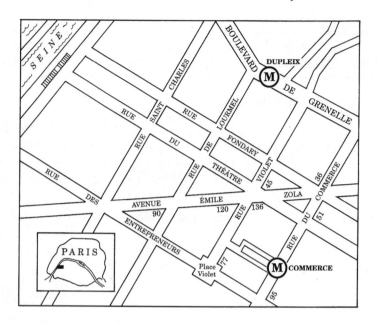

CULTURE

1. Many people collect <u>STAMPS</u> in France. Here are some examples of French stamps.

À VOUS!

À VOUS!

What do you collect? Explain to the class. You could bring in a sample of your collection.

2. How do you write <u>ADDRESSES ON ENVELOPES</u> in France? The name and address of the sender are on top left of the front of the envelope. There is usually a comma after the number, before the name of the street. The zip code (**code postal)** precedes the name of the town.

Some years ago, after the name of the town, you would write the name of the department (an administrative division; there are 96 **départements** in France). It was, for instance, Paris, Seine — Toulouse, Haute-Garonne — Quimper, Finistère — Marseille, Bouches-du-Rhône.

The zip code that is used now depends on the "département" and its number in alphabetical order. In Paris, it is 75. In Marseille, it is 13. After this number, you have three more digits according to the exact location. In Paris they are the number of the **arrondissement.** For example, Manon's zip code is 75011, because she lives in the 11ème. Her grand-father's is 75015 because he lives in the 15ème. For someone in Aix-en-Provence, near Marseille, it could be: 13510; for someone in Toulouse, 31245; in Lyon, 69012; in Quimper, 29220; in Bordeaux, 33458; in Dijon, 21008; in Versailles, 78297.

JEU

Write a few envelopes to real people you know, or to imaginary people, living somewhere in France, and/or to the heroes of our story, in Paris. Use the information above and look back at the map from Chapter 1 for Paris. Don't forget: the zip code has 5 numbers.

Chapitre 6

C'est aujourd'hui le dimanche 12 janvier, et Manon est chez son grand-père pour passer la journée. Elle doit faire un devoir d'anglais assez difficile et elle compte sur lui pour l'aider: il parle anglais et l'écrit
5 parfaitement. Mais, dès son arrivée, elle veut surtout parler des faux billets.

MANON: Alors, montre l'article du journal.

PIERRE: Tiens, le voilà, lis-le à haute voix.

INVASION INQUIÉTANTE
10 ### DE FAUX BILLETS DE 50 FRANCS
Des faux billets de 50 francs envahissent la capitale. Ils apparaissent dans des endroits les plus inattendus: au Louvre◆, Salle Pleyel◆, au Muséum d'Histoire Naturelle◆,
15 *dans certaines salles de cinéma, dans des pâtisseries du 15ème arrondissement, etc... Enfin, un peu partout... La police enquête...*

inattendu
unexpected

MANON: Dis donc, tu vois «dans des pâtisseries du 15ème», c'est ton quartier!

20 PIERRE: Oui, justement. C'est étrange...

MANON: Sauf que le Louvre, le Muséum et la Salle Pleyel ne sont pas dans ton quartier!

PIERRE: Je sais, mais... en tout cas, j'y pense depuis quatre jours.

25 MANON: As-tu un plan de Paris?

PIERRE: Oui, dans le tiroir de mon bureau, à gauche.

Manon revient avec le plan qu'elle étale sur la   étaler *to spread*
table de la salle de séjour.

MANON: Je peux écrire dessus?

30 PIERRE: Si tu veux, tiens, voici un crayon.

MANON: Non, j'aime mieux ce surligneur.

Manon se met alors à entourer divers endroits sur
le plan.

MANON: Regarde: voilà le 15ème, ici; là-bas, dans
35   le 8ème, la Salle Pleyel; le Louvre dans le 1er; le
      Muséum dans le 5ème...Hum, c'est un peu partout
      dans Paris!

PIERRE: Hum... Oui, justement, j'ai une petite
      idée...

40 MANON: Quoi? Quelle idée? Dis-moi!

PIERRE: Oui, mais tout à l'heure... Viens, on va
      d'abord aller faire des courses pour le déjeuner.
      Qu'est-ce que tu veux manger?

MANON: Tu peux me faire ta spécialité? Dis, s'il te
45   plaît, mon petit Papie chéri...

PIERRE: Bien sûr, allez , viens, on va au marché◆ ...

La spécialité que Manon aime tellement, c'est le
gratin dauphinois, sorte de gâteau de pommes de
terre avec du fromage. Ils vont donc faire quelques
50 courses au marché du Boulevard de Grenelle. C'est   métro aérien
un immense marché qui a lieu sous le métro aérien,   *elevated subway*
entre les stations Dupleix et La Motte-Piquet-
Grenelle. Manon et son grand-père achètent des
pommes de terre, du gruyère râpé, des clémentines,   râpé *grated*
55 du jambon et quelques tomates pour manger en hors
d'œuvre.

MANON: On achète des gâteaux?

PIERRE: Oui, on va passer à la boulangerie pour le
      pain et les gâteaux... Justement, je veux parler à...

60 MANON: Tu veux dire *la* boulangerie?

PIERRE: Oui, j'ai une question à leur poser...

MANON: Pourquoi est-ce que tu ne veux rien me
dire?

PIERRE: Attends, patience!

65   Ils prennent donc la rue du Commerce, sur la
droite, et arrivent rapidement à la boulangerie en
question. Mais, il est presque midi. La boulangerie
est pleine de monde.

MANON: Regarde la foule! Cela va être impossible   la foule *crowd*
70   de leur parler!

PIERRE: Laisse-moi faire. D'abord, choisis ce que tu
veux comme gâteau.

MANON: Un éclair au chocolat, comme d'habitude.

Pierre s'approche de la caisse, demande deux
75 éclairs au chocolat et une baguette, paie et dit
quelques mots à l'oreille de la boulangère avant de
sortir de la boutique.

MANON: Alors?

PIERRE: Viens par là, son mari va sortir par der-
80   rière.

Ils contournent la boutique et se trouvent près du
square. Le boulanger est déjà là.

PIERRE: Bonjour Monsieur Vernouillé, voici ma petite fille, Manon.

85 MANON: Bonjour Monsieur.

LE BOULANGER: Qu'est-ce qu'il y a encore?

PIERRE: Excusez-moi, c'est important... Savez-vous
qui vous donne ces faux billets?

LE BOULANGER: Non, je ne sais rien.

90 PIERRE: Vraiment? Vous n'avez aucune idée? aucun
soupçon?

LE BOULANGER: Non, pas vraiment... sauf que... ma
femme... Elle pense que ce sont de vieilles dames...

QUESTIONS

A. VRAI OU FAUX? Dites si la phrase suivante est vraie ou
fausse. Si elle est fausse, donnez la bonne réponse.

1. Le grand-père de Manon connaît bien l'anglais.

2. Manon fait son devoir d'anglais avant de lire l' article sur les faux
billets.

3. D'après l'article, les faux billets sont seulement dans le XVème
arrondissement.

4. Le Louvre est à côté de Muséum d'Histoire Naturelle.

5. Manon et son grand-père vont faire des courses au marché.

6. La spécialité de son grand-père, que Manon aime tellement, est
un gâteau aux pommes.

7. Au marché, ils achètent du fromage, des légumes et du jambon.

8. Ils vont aussi acheter des gâteaux dans une pâtisserie du marché.

9. Dans la boulangerie de la rue du Commerce il n'y a personne.

10. Le boulanger parle à Pierre dans la boutique.

11. La boulangère pense que de jeunes femmes lui donnent les faux
billets.

B. Complétez les phrases avec un lieu nommé dans ce chapitre.

1. Je vais voir des tableaux anciens au ____

2. Nous allons écouter un pianiste célèbre ____

3. Il y a des squelettes de dinosaures au ____

4. On peut voir des films ____

5. Tu peux acheter des gâteaux dans une ____

6. On peut acheter des fruits et des légumes au ____

C. Au marché

Manon et son grand-père achètent sept choses au marché et à la boulangerie. Écrivez-les dans l'ordre où ils vont les manger; autrement dit, faites le menu de leur déjeuner.

CULTURE

1. LE LOUVRE is the most famous art museum in Paris, in part because that's where you can see *Mona Lisa,* the famous painting by Leonardo da Vinci.

LE MUSÉUM D'HISTOIRE NATURELLE is famous for its collections of stones, animals, and its plants. Its main building, **la grande galerie,** reopened in 1994 after being closed for many years. People love its exciting architecture and varied displays.

LA SALLE PLEYEL is a well-known concert hall.

À VOUS!

Find out more about LE LOUVRE and the famous works of art that can be seen there.

2. OUTDOOR MARKETS are important in France and in Paris as well. They take place two or three times a week at the same location.

À VOUS!

1) Dites en français ce que vous pouvez acheter au marché.

2) Avez-vous déjà vu un marché? Décrivez-le.

3) Où préférez-vous faire des courses: dehors au marché ou dans un supermarché?

JEU DE CARTES

On the map below, identify the monuments, museums, churches, train stations and other special places, using the information given about the "arrondissement" where they are located.

MONUMENTS:
La Tour Eiffel (7ème); L'Arc de Triomphe (8ème, en haut de l' avenue des Champs Elysées); L'Opéra Garnier (9ème); L'Opéra Bastille (11ème); Le Panthéon (5ème)

ÉGLISES:
Notre-Dame (4ème); Le Sacré-Cœur (18ème); Saint-Germain-des-Prés (6ème); La Madeleine (8ème)

GARES:
Gare du Nord (10ème); Gare de l'Est (10ème); Gare de Lyon (12ème); Gare Montparnasse (14ème).

MUSEES:
Le Louvre (ler); Le Muséum d'Histoire Naturelle (5ème); Le Musée d'Orsay (7ème); Le Centre Pompidou (3ème).

AUTRES:
Place de la Concorde (8ème et en bas de l'avenue des Champs-Elysées); La Maison de la Radio (16ème); La Place de la Bastille (11ème); La Géode de la Villette (19ème); La Grande Arche (la Défense)

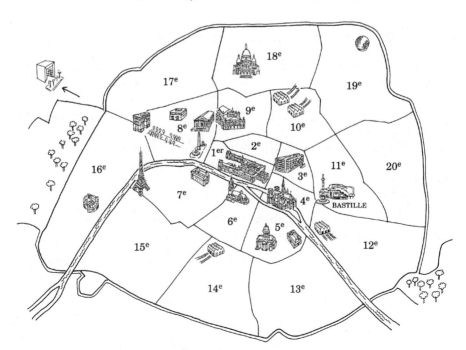

Chapitre 7

Manon et son grand-père rentrent avec leurs provisions.

MANON: Des vieilles dames!

PIERRE: Oui, justement, cela confirme mon idée.

5 MANON: Mais voyons, Papie, des vieilles dames qui fabriquent des faux billets, c'est *ridicule*!

PAPIE: Écoute, je te propose quelque chose: on rentre, on fait la cuisine, on mange et après je t'explique. Non, je *te montre* mon idée. D'accord?

        montrer *to show*

10 MANON: Non, explique-moi maintenant. Je ne peux pas attendre tout ce temps!

PAPIE: Écoute. Si tu veux manger à midi, il faut bien le faire cuire, ce fameux gratin♦.

MANON: Manger à midi? Mais, Papie, il est déjà
15 midi cinq... et le gratin met une heure à cuire!

PAPIE: Exactement... Alors, je te propose de t'expliquer mon idée pendant qu'il cuit et de te la montrer après manger. Ça marche?

        Ça marche? *It's O.K.?*

Le grand-père et la petite-fille rentrent donc.
20 Manon met vite de la musique — elle ne peut pas vivre sans musique — et elle se précipite pour aider son Papie à la cuisine. Il faut d'abord éplucher les pommes de terre, les couper en rondelles, préparer le fromage, allumer le four. Le plat est vite prêt et
25 enfourné. Pendant ce temps Manon met la table, son grand-père place les tranches de jambon sur une assiette, sort les gâteaux de leur boîte, une bouteille

        éplucher *to peel*
        une rondelle *thin slice*
        le four *oven*
        enfourner *to put in the oven*

d'eau minérale du réfrigérateur. Manon coupe les tomates pour le hors d'œuvre.

30 MANON: Bon, tout est prêt. Alors, ton idée?

PIERRE: Toi, quand tu as une idée en tête, tu ne l'as
pas ailleurs!

Mais Pierre est content de partager son idée avec   partager *to share*
sa petite-fille car, après tout, cette histoire de faux
35 billets est bien "leur" histoire.

PIERRE: D'abord, va chercher le plan de Paris.

MANON: Le plan de ce matin?

PIERRE: Oui, celui avec les endroits indiqués.

Manon va chercher le plan et l'installe sur la table
40 basse, devant le divan.   le divan *sofa*

PIERRE: Donc, nous disons: le Louvre, la Salle
Pleyel, le Muséum d'Histoire Naturelle, les ciné-
mas...

MANON: Et les pâtisseries du 15ème.... N'oublie
45 pas!

PIERRE: D'après toi, qui va dans les musées?

MANON: Dans les musées? Mais, tout le monde: les
Parisiens, les touristes, les élèves avec leurs professeurs, les vieux...

50 PIERRE: Oui, les vieux... Les retraités. Tu sais,
depuis que je suis à la retraite, j'ai beaucoup plus
de temps pour aller au musée!

⊟ MANON: Et la salle Pleyel?

PIERRE: Tu sais ce que c'est?

55 MANON: Ben oui, c'est une salle de concerts.

PIERRE: C'est ça, de concerts classiques. Et sais-tu
que le mercredi après-midi il y a des réductions
pour les personnes du «troisième âge»?   le "troisième âge"
                                                  seniors

MANON: Et les pâtisseries?

60 PIERRE: Quand on est âgé, tu sais, on a moins de   âgé *elderly*
          plaisirs dans la vie... On se console comme on
          peut! Dans les pâtisseries, vers 4 heures, il y a tou-
          jours beaucoup de personnes de mon âge qui s'of-
          frent une petite douceur... Et il y a surtout des   une douceur
65   femmes car...   *something sweet*

MANON: Les femmes vivent plus longtemps que les
          hommes... je sais. Alors, Papie, tu penses qu'il y a,
          dans ton quartier, une vieille dame qui fabrique
          des faux billets dans sa cuisine?

70 PAPIE: Je ne sais pas, peut-être pas seulement des
          vieilles femmes... d'autres... Écoute, après le déje-
          uner, je promets de te montrer mon idée, mais
          d'abord, il faut faire ton anglais!

     Manon et son grand-père commencent donc à lire le
75 texte qu'elle doit expliquer. C'est un article d'une
revue américaine qui dit qu'Internet commence à
remplacer des professeurs dans certaines écoles... Le
déjeuner est délicieux. Manon finit le gratin mais
garde une petite place pour l'éclair. Il est 14 heures 30
80 quand Manon et son grand-père sortent pour aller
voir la fameuse idée.

MANON: C'est loin?

PIERRE: Non, c'est tout près, patience.

     Ils remontent l'avenue Emile Zola et tournent à   remonter *to walk*
85 droite dans la rue Violet. Pierre s'arrête soudain, de-   *up*
vant le n⁰ 65. Il traverse la rue et fait signe à sa petite-fille de le suivre.

PIERRE: Regarde, que vois-tu?

MANON: Ben, une maison, un immeuble.

90 PIERRE: Et qu'est-ce qui est écrit au-dessus de la
          porte?

MANON: RÉSIDENCE◆ VIOLET. Qu'est-ce que c'est?

PIERRE: C'est tout simplement une maison de re-   maison de retraite
traite, un endroit où vivent ensemble des per-   *retirement home*
95   sonnes âgées... 75 en tout... Des hommes, des
femmes.... Alors, tu vois, ce n'est pas seulement à
une vieille femme que je pense mais... à *des personnes âgées!*

Q?UESTIONS

A. Complétez les phrases suivantes.

1. A l'idée que ce sont des vieilles dames qui fabriquent les faux billets, Manon est
   a) joyeuse.
   b) honteuse.
   c) étonnée.

2. Le gratin dauphinois se mange
   a) cuit.
   b) cru.
   c) enfourné.

3. Manon et son grand-père préparent le repas le plus vite possible
   a) parce que Manon a faim.
   b) pour pouvoir parler des faux billets.
   c) parce que le gratin est prêt.

4. Le grand-père de Manon va souvent dans les musées depuis
   a) qu'il est touriste.
   b) qu'il est à la retraite.
   c) qu'il est parisien.

5. Le mercredi après-midi, pour les personnes âgées, les concerts sont
   a) plus chers.
   b) aussi chers.
   c) moins chers.

6. Le devoir d'anglais de Manon est un texte
   a) à lire.
   b) à expliquer.
   c) à traduire.

7. Manon et son grand-père terminent leur déjeuner
    a) à 2 heures de l'après-midi.
    b) à une heure de l'après-midi.
    c) à quatre heures de l'après-midi.

8. Au nº 65 de la rue Violet, il y a une résidence
    a) pour des femmes âgées.
    b) pour des hommes de 75 ans.
    c) pour des personnes âgées.

B. Manon met la table. Choisissez dans la liste les objets qu'elle met sur la table. N'oubliez pas de mettre au pluriel si elle en utilise plusieurs.

un livre	un cahier	un plat	une casserole
un vase	une lampe	une carafe	un couteau
une cuiller	une tasse	des frites	une serviette
une assiette	du sel	une fourchette	une petite cuiller
une nappe	un verre		

C. Quels objets sont nécessaires pour préparer le déjeuner de Manon et de son grand-père? Écrivez une liste ou dessinez-les.

un plat à four	une assiette	un couteau
une fourchette	un verre	un saladier
une serviette	un cahier	du sel
une casserole	une tasse	un plat à gateaux
une cuiller	une lampe	un épluche-légumes
un bol	un livre	une petite cuiller

D. Sur votre plan du quartier de Pierre (voir chapitre 5) placez la Résidence Violet.

CULTURE

1. In France, as in many other countries, old people who cannot live alone, or don't want to, are often in a nursing home (**MAISON DE**

<u>**SANTÉ**</u>) or a retirement home (<u>**MAISON DE RETRAITE**</u>). Very often such places are called RÉSIDENCE X***.

À VOUS!

1) Where are your grandparents? your great-grandparents?

2) Do you know countries where old people do not go to nursing homes but, on the contrary, stay with their children?

2. <u>LE GRATIN DAUPHINOIS:</u> Voici la recette du fameux gratin, le plat favori de Manon. C'est très facile à faire... Allez-y!

You need:

1/2 stick butter	1 egg
3 cups potatoes, sliced thin	1/2 cup heavy cream
1 cup grated Swiss cheese	salt, pepper, 1 clove garlic

Rub garlic on the sides and bottom of a baking dish. Butter the bottom.

Place one layer of potato slices in dish and add grated cheese. Repeat and end with the cheese. Add salt and pepper to each layer of potatoes.

Mix egg and cream, pour on top, and dot with butter. End with the rest of the cheese.

Cook one hour in hot oven. Finish under the grill for a few minutes.

Serves 6.

COMPRÉHENSION AUDITIVE

Écoutez les textes suivants et répondez aux questions. Vous n'êtes pas obligés de répondre avec des phrases complètes: un ou deux mots suffisent!

Texte 1

1. Quelle est la nationalité de l'écrivain?

2. Où habite-t-il?

3. Où travaille-t-il?

Texte 2

1. Qu'est-ce que mon père aime tant?

2. Il écoute de la musique rock?

3. De quel instrument est-ce qu'il joue?

4. Où joue-t-il?

Texte 3

Le dimanche, chez mes grand-parents, que mange-t-on

a) comme hors d'œuvre?

b) comme plat principal?

c) comme légumes?

d) Qu'est-ce qu'il y a après la salade?

Chapitre 8

Manon ne peut pas s'empêcher de rire.

MANON: Je vois ça d'ici: LE GANG DU TROI-SIÈME ÂGE. C'est plutôt drôle, ton idée...

PIERRE: Peut-être, mais pas si bête que cela: les personnes âgées s'ennuient souvent surtout dans ce genre de résidence... Ils n'ont pas beaucoup d'argent et pas grand-chose à perdre.

MANON: Oui, bien sûr, c'est assez logique! On peut essayer d'y entrer?

PIERRE: C'est exactement mon plan. On va profiter de ta présence. Écoute-moi bien, voilà ce qu'on va faire.

Et tout en faisant le tour du pâté de maisons, Pierre explique son plan à Manon qui accepte avec enthousiasme.

Ils sont maintenant prêts et sonnent à la la Résidence dont la porte s'ouvre aussitôt. Ils pénètrent ainsi dans une vaste pièce bien éclairée où une réceptionniste les accueille.

LA RÉCEPTIONNISTE: Oui, je peux vous aider?

PIERRE: Euh, oui, peut-être, en effet. Je cherche des renseignements sur cette maison.

LA RÉCEPTIONNISTE: C'est pour vous?

PIERRE: Oui, justement... Je me trouve un peu seul et je me demande si ce n'est pas une bonne idée d'entrer dans une maison...

ne peut pas s'empêcher de *can't help*

s'ennuyer *to be bored*

perdre *to lose*

un pâté de maisons *block*

bien éclairé *well lit*

accueillir *to welcome*

57

MANON (*très fort*):   C'est sûr Papie, mais tu es encore jeune et très actif; tu vas peut-être t'ennuyer dans une maison comme ça! Il y a des distractions ici?

LA RÉCEPTIONNISTE: Mais bien sûr! Écoutez, entrez dans ce petit bureau et regardez le programme du mois, vous pouvez voir toutes les activités que nous proposons à nos pensionnaires.

Manon et son grand-père sont très heureux — c'est exactement ce qu'ils veulent. Ils regardent donc attentivement le panneau d'affichage.

le panneau d'affichage
bulletin board

MANON: Tiens, Papie, il y a une conférence au Louvre.

PIERRE: Hum... en effet... et, au Quartier Latin◆, regarde ce programme pour le festival du film américain.

MANON: Attends, il y a aussi des concerts; regarde la liste: Opéra Bastille◆ , Opéra Garnier◆.

PIERRE: Oui, il y a beaucoup de choix. Cette maison semble une bonne idée. Qu'en penses- tu?

⊟   Manon a beaucoup de mal à ne pas rire, mais elle adore jouer au détective avec son grand-père qui, lui, le fait très sérieusement. Il faut dire que c'est un ancien juge, il a l'habitude de questionner les gens.
Retournant à la réception, Pierre décide de continuer le jeu.

PIERRE: En effet, il y a de nombreuses activités culturelles. Et le sport? Il y a du sport?

LA RÉCEPTIONNISTE: Mais bien sûr! Nous faisons du judo et de l'akido et nous avons une salle de cardio avec toutes les machines: vélo, tapis de marche, rameur.

salle de cardio (*coll*)
fitness room
le vélo *bicycle*
le tapis de marche *treadmill*
le rameur *rowing machine*

PIERRE: Et le tennis?

LA RÉCEPTIONNISTE: Nous avons accès au court de tennis de l'avenue Emile Zola, et nos pensionnaires peuvent avoir des réductions.

MANON: Mais c'est parfait Papie!

Manon a vraiment beaucoup de mal à garder son sérieux...

PIERRE: Et... puis-je vous demander le prix?

LA RÉCEPTIONNISTE: Tenez, prenez cette brochure, tout est indiqué.

la brochure *booklet*

PIERRE: Merci beaucoup, je vais sans doute revenir.

MANON: Dis, Papie, tu peux parler avec des v..., des pensionnaires.

PIERRE: C'est une très bonne idée. Est-ce que c'est possible?

LA RÉCEPTIONNISTE: Mais bien sûr, cher Monsieur. Justement, cet après-midi, il y a un concert de Mozart, beaucoup de nos pensionnaires vont bientôt rentrer. Vous voulez les attendre?

PIERRE: Non merci. Je peux revenir dans la semaine. J'habite près d'ici.

MANON: Euh, Madame, excusez-moi, ce concert, il est où exactement? Dans le quartier?

LA RÉCEPTIONNISTE: Non, il est Salle Pleyel. Il y a beaucoup de concerts Salle Pleyel et nous avons toujours des prix spéciaux pour nos pensionnaires.

PIERRE: Ah oui? C'est extrêmement intéressant... Oui, vraiment...

Et ce n'est qu'au bout de la rue que Manon et son grand-père se mettent à rire aux éclats et s'exclament en chœur:

rire aux éclats *to burst out laughing*

SALLE PLEYEL? VRAIMENT TRÈS,
TRÈS INTÉRESSANT...

QUESTIONS

A. VRAI OU FAUX? Dites si la phrase suivante est vraie ou fausse. Si elle est fausse, donnez la bonne réponse.

1. Le plan du grand-père de Manon est d'entrer seul à la Résidence Violet pour avoir des renseignements.

2. Manon trouve ridicule l'idée de son grand-père.

3. La réceptionniste se trouve dans un petit bureau très sombre.

4. Manon demande d'abord des renseignements sur les prix.

5. Le programme des distractions est écrit sur un panneau d'affichage.

6. Il y a un festival du cinéma américain au Louvre.

7. Manon a envie de rire parce que son grand-père est un ancien juge.

8. Dans cette maison, les personnes âgées peuvent faire beaucoup de sports variés.

9. Pierre demande de revenir pour consulter la brochure des prix.

10. Ce dimanche-là, beaucoup de pensionnaires sont au cinéma, Salle Pleyel.

B. Complétez les phrases de la colonne de gauche avec les mots de la colonne de droite. Attention! Il y a trop d' éléments dans la colonne de droite.

a) Les personnes âgées...	1. ne pas rire.
	2. très actif.
b) Le grand-père veut profiter...	3. aux pensionnaires
	4. s' ennuient souvent...
c) C'est peut-être une bonne idée...	5. très intéressant.
	6. à la rèception.
d) Ils proposent beaucoup d'activités...	7. d'entrer dans une maison.

e) Pierre a l'habitude de...

f) Manon a du mal à ...

8. de la présence de Manon.

9. questionner les gens.

C. DES RENSEIGNEMENTS. Les questions suivantes se rapportent à quatre situations:

a. une colonie (un camp) de vacances   c. un hôtel
b. une école   d. un restaurant

Retrouvez les trois questions qui correspondent à chacune de ces situations.

1. Il y a beaucoup de devoirs?

2. La carte est chère?

3. Les moniteurs et les monitrices sont gentils?

4. Les chambres ont une salle de bains?

5. Il y a combien d'élèves par classe?

6. On mange bien?

7. On peut prendre le petit déjeuner à quelle heure?

8. On ne mange pas trop mal?

9. Les professeurs sont sévères?

10. Les chambres ont une vue de la mer?

11. Les desserts sont intéressants?

12. C'est près de la mer?

CULTURE

1. There are two Opera Houses in Paris: the OPÉRA GARNIER and the OPÉRA BASTILLE. The first one, in the 9th arrondissement, was built in the XIXth century; the second one, in the 11th arrondissement, is very modern; it opened in 1989.

À VOUS!

1) Cherchez sur votre carte de Paris dans le chapitre 6 où se trouvent ces deux théâtres.

2) Aimez-vous l'opéra?

3) De toutes les activités mentionnées dans ce chapitre, lesquelles préférez-vous?

2. The <u>QUARTIER LATIN</u> is a neighborhood in Paris, on the left bank of the Seine, where there are many students because several universities and schools are located there. It is called Latin Quarter because that's where the Romans started to build their lodgings when they came to **Lutèce** (as Paris was called then) with Julius Caesar. There are still some Roman buildings in the area: baths (**les Thermes de Cluny**) and the remains of an arena (**les arènes de Lutèce**)

À VOUS!

Can you find more details about the conquests of Julius Caesar in France? Who was Vercingétorix?

JEU DE MOTS

Trouvez les mots! Trouvez quatre activités culturelles et quatre activités sportives auxquelles on peut participer à la Résidence Violet.

V	E	L	O	R	S	Z	A	T	V	O	F
A	B	C	O	N	F	E	R	E	N	C	E
J	M	O	R	T	I	P	A	N	T	I	S
U	I	N	O	P	E	R	A	N	U	N	T
D	R	C	U	G	K	P	J	I	N	E	I
O	Z	E	N	D	Z	O	V	S	A	M	O
V	T	R	A	M	E	U	R	I	T	A	A
U	I	T	R	A	K	I	D	O	P	L	L

Chapitre 9

Aujourd'hui mercredi Pierre Roustain va rendre visite aux pensionnaires de la fameuse Résidence Violet. Il espère trouver des bavards s'il joue bien son rôle de pensionnaire potentiel.

⁵ En entrant dans l'établissement il rencontre la même réceptionniste qui le reconnaît aussitôt.

LA RÉCEPTIONNISTE: Bonjour, cher Monsieur. Ravie de vous revoir. Vous voulez sans doute rencontrer des pensionnaires?

¹⁰ PIERRE: Bonjour Madame, oui, justement, je suis venu exprès.

LA RÉCEPTIONNISTE: Et bien, tenez, Monsieur Minervois et Madame Langelet sont dans le petit jardin, allez-y et parlez avec eux.

¹⁵ PIERRE: Volontiers, merci beaucoup, Madame.

Pierre va donc dans le petit jardin où il se présente aux deux personnes qu'on vient de lui indiquer. La dame est assez petite, mince, avec des cheveux blancs courts et bouclés. L'homme est grand et mince, à peu ²⁰ près de la même taille que le grand-père de Manon, mais il est chauve, alors que Pierre Roustain a beaucoup de cheveux blancs.

PIERRE: Excusez-moi, Madame, Monsieur, je peux vous parler un moment? Je voudrais des ren-²⁵ seignements sur cette maison; je pense y venir…

M. MINERVOIS: Mais bien sûr. Gustave◆ Minervois et voici Madame Langelet◆. Asseyez-vous, je vous en prie.

bavard *talkative (person)*

chauve *bald*

64

PIERRE: Pierre Roustain, enchanté.

30 MME LANGELET: Bonjour Monsieur.

PIERRE: Ce jardin est fort agréable, surtout au printemps et en été, je suppose.

M. MINERVOIS: Ah, ça oui, il y a des roses magnifiques, grâce à notre chère Odette ici présente!

35 PIERRE: Vous aimez les roses?

MME LANGELET: Oui, c'est ma passion!

PIERRE: Comme c'est drôle, moi aussi! J'en ai plus de 12 variétés sur mon balcon!

MME LANGELET: Mais alors, vous avez un immense
40 balcon?

PIERRE: C'est vrai, il fait 5m²...

M. MINERVOIS: Ainsi, vous voulez venir vivre ici?   ainsi *so. . .*

PIERRE: Enfin, disons que j'y pense. Mon apparte-   enfin *actually,*
ment est trop grand, je m'ennuie un peu. Vous êtes   *finally*
45 ici depuis longtemps?

MME LANGELET: Moi, depuis trois ans.

M. MINERVOIS: Et moi, depuis presque deux ans. C'est une maison fort agréable. Je ne regrette absolument pas mon studio de la rue du Commerce.

50 PIERRE: Ah, vous êtes du quartier?

MME LANGELET: Moi aussi, j'habitais rue du Théâtre. Vous savez, c'est mieux, on connaît déjà le quartier et on n'est pas dépaysé.   dépaysé *disoriented*

PIERRE: Il y a beaucoup de distractions?

55 M. MINERVOIS: Oh, ce n'est pas ce qui manque: concerts, visites de musée, conférences.

MME LANGELET: C'est vrai, nous sommes gâtés, il y   gâté *spoiled*
a toujours quelque chose à faire.

M. MINERVOIS: Et puis, on se fait des amis. Par ex-
60 emple, nous, nous sommes un bon groupe, nous

faisons beaucoup de choses très intéressantes,
n'est-ce pas Odette?

Il semble alors à Pierre apercevoir une sorte de
gêne sur le visage d'Odette Langelet. Mais, avant   la gêne *embarrass-*
65 même la réponse de cette dernière, une grosse voix,   *ment*
venant du 1er étage, appelle: la voix *voice*

LA VOIX: Gustave, Odette, vous êtes prêts? Il faut y
aller.

Surpris et, semble-t-il au grand-père de Manon,
70 gênés par cette intrusion, M. Minervois et Mme Langelet se lèvent soudain.

MME LANGELET: Excusez-nous, cher Monsieur,
nous devons partir.

M. MINERVOIS: À bientôt peut-être?

75 PIERRE: Mais oui, on va se revoir, c'est absolument
certain...

Et il regarde pensivement les deux "pensionnaires" traverser le jardin et entrer dans la maison.

La réceptionniste n'est pas à son bureau et Pierre
80 en profite pour quitter, lui aussi, la Résidence. Sans
vraiment le faire exprès, il se retrouve rue Violet à   faire exprès *to*
200 mètres derrière ses nouveaux amis. Monsieur   *mean to do*
Minervois et Madame Langelet ont l'air très pressés.   pressé *in a hurry*
Ils ne sont pas seuls. Avec eux marche un autre
85 homme que Pierre ne voit , bien sûr, que de dos, mais
dont la taille est impressionnante. Il doit mesurer   la taille *size*
1 mètre 90 et peser au moins 125 kilos. Il est
énorme. C'est l'homme à la grosse voix, pense Pierre.

90 De loin, il les voit tourner à gauche dans la rue du
Théâtre. Traversant la rue pour ne pas se faire re-
marquer, Pierre les suit de loin. Les trois "com-   un complice
plices", comme il les nomme déjà, se dirigent, d'un   *accomplice*
pas ferme et décidé, vers le bureau de poste, le même
95 bureau de poste où travaille Yves.

Pierre est bien ennuyé. S'il entre, ils vont le voir.
Que vont ils penser? Et puis, pourquoi les soupçon-
ner? Après tout, cette histoire n'existe peut-être que
dans l'imagination de l'ancien juge Roustain et de sa   roman policier
100 petite fille, qui lit beaucoup trop de romans policiers.   *detective story*

QUESTIONS

A. Répondez aux questions suivantes avec une phrase complète.

1ère partie:

1. Quel jour le grand-père de Manon retourne-t-il à la Résidence Violet?

2. Décrivez Monsieur Minervois.

3. Décrivez Madame Langelet.

4. Où sont-ils quand Pierre les rencontre?

5. Qu'est-ce que le grand-père de Manon a en commun avec Madame Langelet?

6. Madame Langelet est à la Résidence depuis combien de temps?

7. Et Monsieur Minervois?

8. Pourquoi est-ce qu'ils connaissent bien le quartier?

2ème partie:

1. Où est la personne qui appelle Monsieur Minervois et Madame Langelet?

2. Comment est sa voix?

3. Quels sont les prénoms de Madame Langelet et de Monsieur Minervois?

4. Pourquoi partent-ils?

5. Quand il sort de la Résidence, où va le grand-père de Manon?

6. Quels détails physiques avons-nous sur "l'homme à la grosse voix"?

7. Pourquoi est-ce que le grand-père de Manon traverse la rue du Théâtre?

8. Où entrent-ils tous les trois?

B. Complétez les phrases avec un des adjectifs de ce chapitre qui convient le mieux. Attention au masculin et au féminin!

1. bavarde	6. ennuyé	11. intéressante
2. décidé	7. ferme	12. immense
3. dépaysée	8. gâté	13. magnifique
4. drôle	9. gênée	14. pressé
5. enchanté	10. impressionnant	

a) Ce n'est pas son quartier, elle est ...
b) Cette dame parle beaucoup, elle est ...
c) Ce livre est très très beau, il est ...
d) Mon père raconte des histoires qui nous font rire, il est ...
e) Le jardin est très très grand, il est ...
f) C'est un enfant à qui on donne trop de cadeaux, il est vraiment ...
g) Elle est mal à l'aise dans cette situation bizarre, elle est ...
h) Il marche vite parce qu'il est ...
i) C'est une idée qui retient mon attention car je la trouve très ...
j) Je suis très heureux de vous rencontrer, je suis ...

C. Descriptions (par écrit).

Sur le modèle des descriptions de Madame Langelet et de Monsieur Minervois, faites la description physique du grand-père de Manon. Dans ce chapitre, nous avons deux éléments: inventez le reste!

Ensuite, décrivez-vous vous-même. N'oubliez pas: **Je mesure .....** **et je pèse** . . . . avec des mètres et des kilos)

CULTURE

1. First names, <u>LES PRÉNOMS</u>, in France, vary according to fashion. Some first names (Odette, Gustave, Jules, Arthur for instance) stop being used for decades and, suddenly, they come back in style.

2. The origin of last names, les <u>NOMS DE FAMILLE</u>, can be fun to study. They often have to do with a physical aspect (Lebrun; Legrand) or a trait of character (Langelet: small angel) of the person to whom they were originally given.

They also could come from where the family is located (Dupont: du pont, near the bridge; Latour: the tower).

À VOUS!

1) Can you find the origin of the following names: Leblond, Petit, Gentil, Lesage, Mondoux, Montaigne, Larivière, Duchesne, Cousin ?

2) Connaissez-vous des noms utilisés au Québec?

JEU DES 20 QUESTIONS.

Un(e) élève sort de la classe et doit deviner, en posant 20 questions, à quelle personne la classe pense. Attention, la classe ne peut répondre que par "oui" ou "non".

Chapitre 10

Pierre Roustain est caché derrière un arbre. Il attend les trois pensionnaires qui sont toujours à la poste. Son plan est simple: il va les suivre et ensuite il va revenir à la poste et demander à Yves s'il les
5 connaît bien, qui ils sont etc...

Il est au milieu de ses réflexions lorsque la porte s'ouvre soudain, poussée fermement par le monsieur à la grosse voix. Pierre peut maintenant le voir très
10 distinctement. Il a un visage carré, une barbe blanche, courte et bien taillée, des sourcils épais et, chose curieuse, très noirs, ce qui forme un étrange contraste avec sa barbe blanche.
Monsieur Minervois et Madame Langelet sortent
15 derrière lui, se disent quelques mots et, soudain, se séparent brusquement, chacun partant dans une direction différente.

PIERRE: Zut alors! Qu'est-ce que je fais? Je suis tout seul. Manon n'est même pas là. Qui suivre?
20 Monsieur Minervois et Madame Langelet me connaissent. Non, il n'y a pas de choix possible, je dois suivre l'homme à la grosse voix. De toutes façons j'ai l'impression que c'est lui le chef.

Mais Pierre n'a pas de chance, car le monsieur à la
25 grosse voix tourne à droite rue du Théâtre, marche rapidement vers la rue Saint-Charles, si rapidement que le grand-père de Manon doit presque courir pour le suivre et, au coin de la rue, il monte dans l'autobus 42◆ qui va vers le Champ de Mars◆. L'autobus s'en
30 va. Pierre n'a pas le temps d'y monter.
Il est trop tard pour retrouver les deux autres.

courir *to run*

Pierre est vexé. La seule chose qu'il lui reste à faire est d'aller parler à Yves, à la poste. Il les connaît peut-être.

À la poste, Yves est au guichet n°3.

vexé *annoyed*

35

YVES: Ah, Monsieur Roustain, comment allez-vous?

PIERRE: Ca va, merci. Dites, il y a trois personnes qui viennent de sortir d'ici. Ce sont trois pension-

40 naires de la Résidence Violet: un monsieur grand et fort, une petite dame assez mince et un monsieur...

YVES: Ah oui, le trio. On les appelle comme ça ici.

PIERRE: Donc, vous les connaissez?

YVES: Oui, ils sont du quartier.

45

PIERRE: Et qu'est-ce qu'ils font?

YVES: Je ne sais pas, moi. Ils sont à la maison de retraite de la rue Violet.

PIERRE: Oui, je sais, mais ici, à la poste, ils vien-nent pour... des timbres?

50

YVES: Ah, je comprends, vous cherchez d'autres collectionneurs! Non, pas du tout, ils viennent chercher de l'argent.

PIERRE: De l'argent? Comment ça?

55 YVES: Et bien oui, ils ont un compte à la poste. Ils viennent toucher leur pension et aussi les intérêts de leurs livrets A♦.

toucher *to get*
un livret *(bank)*
book

PIERRE: Ah oui, bien sûr, c'est tout à fait normal!

YVES: Mais... pourquoi toutes ces questions?

60 PIERRE: Euh... C'est que je pense à entrer dans cette maison, je me renseigne sur l'ambiance, les gens. Ils sont toujours ensemble?

YVES: Oui, c'est pourquoi on les appelle "LE TRIO". Dites, si vous voulez aller voir mon collègue au guichet n°1. Je crois qu'il y a un nouveau timbre.

65 PIERRE: Oui, bien sûr. D'ailleurs, c'est la raison de
ma visite.

YVES: Au revoir alors, et à bientôt. À mon retour de
Bretagne.

PIERRE: Oui, bonnes   vacances,   vous   revenez
70   quand?

YVES: Je reprends mon travail le 1er février. Vous
savez, au début du mois, il y a beaucoup de travail... à cause des personnes âgées, justement.

Pierre rentre chez lui, pensif. Il se demande qui
75 sont vraiment ces trois complices, le "trio" comme dit
Yves. Que font-ils? Où vont-ils? Fabriquent-ils des
faux billets de 50 francs à la Résidence Violet?
Pourquoi ont-ils l'air mystérieux?

QUESTIONS

A. Complétez les phrases suivantes.

1. Pierre Roustain est derrière un arbre pour
   a) se cacher.
   b) faire peur aux pensionnaires.
   c) préparer son plan.

2. Le monsieur à la grosse voix a
   a) une barbe blanche très longue et des sourcils noirs.
   b) une barbe noire épaisse et des sourcils blancs.
   c) une barbe blanche courte et des sourcils noirs.

3. Pierre est très ennuyé car
   a) le monsieur à la grosse voix ne le connaît pas.
   b) il ne peut pas les suivre tous les trois.
   c) le monsieur à la grosse voix est certainement le chef.

4. Pierre décide de suivre le monsieur à la grosse voix parce que
   a) il ne peut pas le reconnaître.
   b) il semble plus intéressant.
   c) il se dirige vers l'autobus n° 42.

5. Le grand-père de Manon ne peut pas monter dans l'autobus n⁰ 42 car
   a) il n'a pas de billet.
   b) il va au Champ de Mars.
   c) il n'a pas le temps.

6. Yves, l'employé de la poste, connaît bien les trois pensionnaires parce qu'ils
   a) font collection de timbres.
   b) viennent de la résidence Violet.
   c) sont du quartier.

7. Les trois pensionnaires viennent souvent à la poste pour
   a) chercher de l'argent.
   b) voir Yves.
   c) se promener.

8. En partant Pierre Roustain pose beaucoup de questions
   a) à sa petite fille.
   b) à lui-même.
   c) à Yves.

B. Dans ce résumé du chapitre, les prépositions manquent. À vous de les mettre. Attention, chaque préposition ne peut être utilisée qu'UNE FOIS!

à   avec   dans   de   derrière   sur   vers

Le grand-père de Manon se cache __1__ un arbre pendant que les trois pensionnaires sont __2__ la poste. Ils sortent pendant que Pierre est au milieu __3__ ses réflexions. Maintenant il peut voir le monsieur à la grosse voix et il trouve que ses sourcils contrastent __4__ sa barbe. Il suit le monsieur qui marche __5__ la rue Saint-Charles mais, malheureusement, il ne marche pas assez vite et le monsieur monte seul __6__ l'autobus.

Pauvre Pierre! Il est très déçu et décide d'aller à la poste pour poser des questions à Yves. Il va lui dire qu'il prend des renseignements __7__ l'ambiance de la Résidence Violet.

◆ CULTURE

1. <u>LE MÉTRO:</u> Subway stations, in Paris, have names that are usually based on the neighborhood, a building (Opéra, Gare du Nord, Louvre) or a street or square nearby (Concorde, Bastille, Commerce).

   Each subway line is known by its number. For example, the line that goes from Bastille to Commerce is called line nº8. It is also known by the first and last stations on the line. Thus, nº8 is Balard — Porte de Charenton / Créteil.

   <u>LES AUTOBUS:</u> Busses are also known by their number. In this chapter, bus nº42 is mentioned. It starts at the Park André Citroën near the Seine in the southwest of Paris and ends at Gare du Nord in the northeast of Paris.

2. <u>LE CHAMP DE MARS</u> is a park located around the Eiffel Tower. During the French Revolution (1789), it was the scene of many happenings, and of the first **Fête Nationale** on the 14th July 1790. It was the site of several international world exhibitions.

   À VOUS!

   Find everything you can about the Eiffel Tower. Who built it? When? Why? What was the first reaction of Parisians? What else did its engineer build? etc.

3. <u>LA POSTE ET L'ARGENT:</u> In France one can have a checking and/or savings account in banks or at the post office. At the post office it is called a **compte chèques postal.** The **Livret A** is a savings account that is quite popular. Many elderly people, therefore, go to the bank or to the post office early in the month to get money either from their pension that is deposited directly into their account, or from the interest of their savings account.

À VOUS!

Are there advantages to having an account in the post office instead of in a bank?

COMPRÉHENSION AUDITIVE

Écoutez le texte suivant et choisissez la réponse qui convient.

1. Mon grand-père est
   a) petit.
   b) de taille moyenne.
   c) grand.

2. Il a les yeux
   a) bleus.
   b) gris.
   c) noirs.

3. Il aime beaucoup
   a) travailler à Paris.
   b) marcher dans Paris.
   c) s'amuser à Paris.

Jeu de Cartes

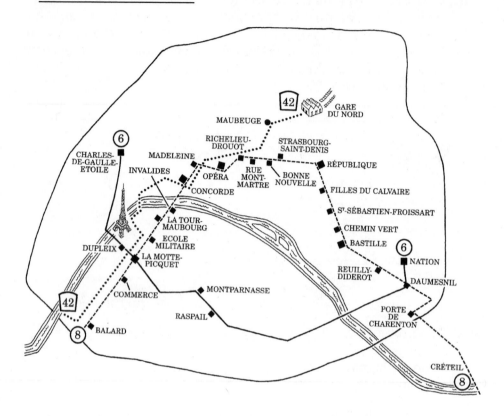

Sur la carte ci-dessus, cherchez la ligne de métro 8 et comptez combien de stations il y a entre Bastille (où habite Manon) et Commerce (où habite Pierre).

Chapitre 11

C'est aujourd'hui samedi. Manon et son amie Marielle viennent chez Pierre qui a un plan d'action bien précis.

MANON: Bonjour Papie, ça va?

5 PIERRE: Bonjour ma chérie.

MARIELLE: Bonjour Monsieur.

PIERRE: Ah, Marielle, merci pour ton aide...

MANON: Alors, ce plan?

PIERRE: Et bien, voilà: Je ne peux pas suivre *le trio*
10   tout seul. De plus, deux des trois personnes me connaissent, mais...

MANON: Nous, ils ne nous connaissent pas!

MARIELLE: Alors chacun suit une personne. C'est ça?

15 PIERRE: Exactement, vous suivez l'homme et la femme qui me connaissent!

MARIELLE: Mais comment savez-vous qu'ils vont sortir aujourd'hui?

PIERRE: Et bien, je n'en sais rien, rien du tout...

20 MANON: Alors, s'ils ne sortent pas, on peut aller au cinéma?

PIERRE: D'accord! Si vous voulez...

MARIELLE: On peut aller voir un film américain?

PIERRE: D'accord, mais en v.o◆. C'est excellent pour
25   votre anglais...

Il est 10 heures du matin quand nos trois amis   leur poste *(m) their*
prennent leur poste rue Violet, presqu'en face de la   *position*
Résidence. Pierre a le journal pour se cacher un peu.
Ils attendent. La porte reste fermée... Aucun mou-
30 vement.

MANON: Il y a vingt minutes qu'on attend!

PIERRE: Qu'est-ce que tu crois? Le métier de détective est loin d'être facile, tu sais!

MARIELLE: Vous n'avez pas faim? Vous voulez un
35 pain au chocolat? Un croissant?

MANON: Oh oui, un pain au chocolat et un jus
d'orange, s'il te plaît.

PIERRE: Tiens Marielle, prends ce billet.

MARIELLE: Hum... Un billet de 50 francs! Il est vrai
40 au moins?

MANON: Regarde, le fil est argenté. Il est bel et
bien vrai.

PIERRE: Attention les filles, n'allez pas voir des
faux billets partout! Attention... les voilà!

45 En effet la porte de la maison vient de s'ouvrir,
mais ce sont deux autres pensionnaires qui sortent.
Nos trois détectives sont déçus... Quand, soudain, la   déçu *disappointed*
porte s'ouvre une deuxième fois et...

PIERRE: Ce sont eux. Chut!

50 Le TRIO vient de sortir de la maison et se dirige
vers la droite. Nos trois amis sont sur le trottoir d'en
face et Pierre se cache vite derrière son journal. Il   chuchoter *to*
chuchote: *whisper*

PIERRE: Bon, on se sépare: je prends le monsieur à
55 la grosse voix. Manon, tu suis Monsieur Minervois, le monsieur très maigre et toi, Marielle, tu
suis Madame Langelet. Allons-y et rendez-vous
chez moi. Vous avez vos clés?

MANON ET MARIELLE: Oui... À plus tard...

60   Manon se met rapidement en marche derrière le groupe qui n'est pas encore séparé. Marielle et Pierre la suivent. C'est au coin de la rue du Théâtre que chaque pensionnaire prend une direction opposée.

Monsieur Minervois, suivi par Manon, tourne à
65   droite, traverse la petite place Emile Zola et continue à suivre la rue du Théâtre. Madame Langelet, suivie par Marielle, traverse la rue du Théâtre et continue la rue Violet, tandis que le monsieur à la grosse voix, suivi par Pierre, se dirige vers la gauche, rue du
70   Théâtre...

MONSIEUR MINERVOIS
marche jusqu'au métro Commerce où il descend. Heureusement Manon a sa Carte Orange, elle ne perd pas de temps à acheter un ticket! Comme il ne
75   la connaît pas, elle n'a pas besoin de se cacher et elle va même s'asseoir juste en face de lui. Ils sont sur la ligne n°8, direction Balard. Monsieur Minervois descend au terminus, Balard, sort du métro, prend le Boulevard Victor. Il marche jusqu'à la Porte de Ver-
80   sailles et là il tourne à droite rue Ernest Renan, passant ainsi sous le périphérique.

le (boulevard) périphérique *highway that goes around Paris, beltway*

MANON: Mais, où va-t-il donc? Nous ne sommes même plus à Paris! Nous sommes à Issy-les-Moulineaux◆ !

85   Manon marche assez loin derrière lui pour ne pas se faire repérer car l'endroit est désert. Il vient de tourner à gauche, rue du 4 Septembre. Manon presse le pas, mais quand elle arrive à son tour, elle ne le voit plus!

se faire repérer *to be found out*

presser le pas *to walk faster*

90   MANON: Zut de zut de zut! Où est-il donc?

Elle regarde autour d'elle. La rue du 4 Septembre est assez étroite, bordée d'immeubles tout à fait anodins. Juste à gauche il y a une crèche; à côté de la

étroit *narrow*

anodin *ordinary*

crèche, un centre familial. Sur la droite, rien, des im-
95 meubles, des maisons et... personne dans la rue.
     Manon est furieuse.

la crèche *day care
center*

MANON: C'est de ma faute. Je ne suis pas une
bonne détective. J'espère que les autres vont avoir
plus de succès...

100 Et, fort déprimée, Manon décide de rentrer chez
son grand-père.

fort déprimé *very
depressed*

QUESTIONS

A. Les huit phrases suivantes résument ce chapitre. Remettez-
les dans le bon ordre de l'histoire.

a. Le "trio" sort de la Résidence.

b. Manon perd Monsieur Minervois rue du 4 Septembre.

c. Pierre, Manon et Marielle attendent en face de la Résidence Violet.

d. Monsieur Minervois va à Issy-les-Moulineaux.

e. Chaque "détective" suit un des trois pensionnaires.

f. Pierre explique son plan à Manon et à Marielle.

g. Manon marche derrière Monsieur Minervois.

B. Complétez les phrases suivantes avec des éléments
du chapitre.

1. Manon et Marielle viennent chez Pierre parce qu'il _____

2. Manon et Marielle vont suivre les deux pensionnaires qui _____

3. Si Pierre, Manon et Marielle vont au cinéma, ils vont voir un film
américain en v.o. parce que _____

4. Quand le "trio" sort de la Résidence, les trois pensionnaires se dirigent _____

5. Au coin de la rue du Théâtre, chaque pensionnaire _____

6. Manon va suivre _____

7. Marielle va suivre _____

8. Pierre va suivre _____

9. Manon n'achète pas de ticket de métro car _____

10. Quand ils sortent du métro Manon marche _____

11. Monsieur Minervois tourne à _____

12. Manon est furieuse car elle pense _____

C. DIRECTIONS: Présentation orale

Dites comment vous allez de chez vous à l'école.

D. DIRECTIONS: Rédaction

a) Écrivez ce que vous venez de dire dans l'exercice C.
b) Écrivez ce qu'un(e) camarade vient de dire dans le même exercice.

CULTURE

1. VERSION ORIGINALE: Foreign movies, in France, can be seen either in the original language (v.o.) or dubbed into French. Usually movies in v.o. have subtitles in French. American movies are very popular.

> À VOUS!

Look into your local newspaper and see if foreign movies are playing in your community. Check out to see if they are shown in v.o. or if they are dubbed into English, and in which country they were made.

2. ISSY-LES-MOULINEAUX is a suburb of Paris. It is a town just southwest of Paris. The population of Paris itself is over two million, and

there are seven million people living in the suburbs (**la banlieue**).
The suburbs are located within 6 departments circling Paris: Hauts-
de-Seine, **code postal** 92; Yvelines, 78; Val d'Oise, 95; Seine-Saint-
Denis, 93; Val-de-Marne, 94; and Seine et Marne, 77

À VOUS!

À votre avis est-ce qu'il y a des avantages à vivre dans la banlieue
plutôt que dans la grande ville?

JEU DE CARTES

Sur la carte ci-dessous suivez le chemin que prend Monsieur Minervois quand Manon marche derrière lui.

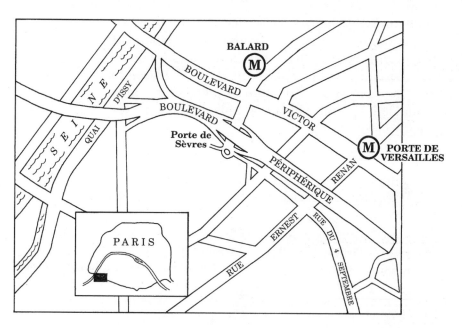

Chapitre 12

MADAME LANGELET
se dirige vers le Boulevard de Grenelle où elle tourne
à gauche. Marielle la suit sans problème car elle
marche très lentement. Elle arrive au métro Du-
5 pleix, et prend la direction «Nation». Marielle monte
avec elle dans le wagon. Elles descendent toutes les
deux au métro Raspail.

    Madame Langelet tourne le dos au cimetière du
Montparnasse◆, continue Boulevard Raspail et
10 tourne à gauche rue Delambre. Marielle la suit de
loin; il n'y a pas grand monde dans la rue. Au numéro
24 de la rue Delambre, Madame Langelet entre dans
une maison considérablement plus basse que les   bas(se) *low*
autres. Marielle s'approche.

15 MARIELLE: Qu'est-ce que c'est que cette maison?
    Une plaque, au mur, indique A.A.M. Qu'est-ce que
    cela veut dire? Je n'ose pas entrer... Quoi faire? At-
    tendre un peu?

20   Marielle décide d'attendre et va s'asseoir sur une
sorte de petit muret, non loin de la fameuse maison.   un muret *small*
Une heure plus tard Madame Langelet est encore   *wall*
dans la maison et Marielle, fatiguée d'attendre,
reprend le métro et rentre, elle aussi, chez le grand-
25 père de Manon.

LE MONSIEUR À LA GROSSE VOIX
lui, marche, comme la veille, vers l'autobus n°42.
Cette fois-ci Pierre s'en doute; il monte dans le même   s'en douter *to expect*
bus et va s'asseoir juste en face — puisqu'ils ne se   *something*
30 connaissent pas!

    Sans en avoir l'air, Pierre l'observe. Cet homme

est une force de la nature. Dans l'autobus, qui est
fort heureusement à moitié vide, il prend presque
toute la banquette. Il a l'air gentil, malgré ses sour-
35 cils noirs très épais, sa barbe taillée au carré, un peu
comme Jules Verne◆ sur ses portraits. Il ne lit pas
mais regarde le paysage avec intérêt.

le paysage
landscape

PIERRE: Un faussaire! Et pourtant il a l'air inno-
cent, même sympathique... On dit bien qu'il ne
40   faut pas se fier aux apparences!

se fier to trust

L'homme reste assis, l'autobus continue à traverser Paris en allant vers le nord. La Tour Eiffel, la
Seine, les Champs-Elysées, Place de la Concorde, la
Madeleine, l'Opéra, les Grands Boulevards en direc-
45 tion de la gare du Nord. À l'arrêt «Maubeuge»,
l'homme se prépare à descendre.

PIERRE: Je dois faire attention. Il ne faut pas le
suivre de trop près.

Heureusement, deux autres personnes descen-
50 dent au même arrêt. Pierre marche assez loin. Son
monsieur barbu, l'homme à la grosse voix, marche
d'un pas agile dans la rue de Maubeuge et, soudain,
tourne à droite dans la rue de Bellefond. Il y a beaucoup de monde dans la rue. Pierre se rapproche.
55 L'homme pénètre dans un immeuble de six étages,
au numéro 30. Pierre s'avance prudemment, appuie
sur le bouton. La porte s'ouvre.
L'ascenseur vient de s'arrêter au 3ème; c'est donc
là qu'il faut chercher. Pour aller plus vite, le grand-

un ascenseur
elevator

60 père de Manon prend l'escalier et se trouve bientôt
au troisième. Il écoute: rien à droite, rien à gauche.
Sur la porte du milieu on voit en gros caractères:
A.E.D. mais il n'y a aucun bruit. A gauche, brusquement, on entend un bébé qui pleure.
65   Pierre redescend et sort de l'immeuble.

PIERRE: Que faire? J'attends? Je rentre? S'il reste
toute la journée à fabriquer ses faux billets!...

42 Gare du Nord | Maubeuge → ← Sq. Montholon | Opéra | Madeleine Concorde

Au coin de la rue, il y a un café◆ et Pierre décide
d'aller s'asseoir et d'attendre. Mais, après deux
70 heures, fatigué, énervé par ce mystère, il décide de
rentrer chez lui et de faire le point avec ses asso-
ciées, Manon et Marielle.

faire le point *to
sum up the
situation*

QUESTIONS

A. Choisissez pour chaque phrase la fin qui convient.

1. Marielle n'a aucun problème à suivre Madame Langelet
   a) car elle tourne à gauche Boulevard de Grenelle.
   b) car elle ne marche pas vite.
   c) car elle prend le métro à Dupleix.

2. Madame Langelet descend au métro
   a) Raspail.
   b) Montparnasse.
   c) Nation.

3. La maison où entre Madame Langelet est
   a) la plus haute de la rue.
   b) une maison de 24 étages.
   c) la moins haute de la rue.

4. Marielle va attendre Madame Langelet
   a) dans le métro.
   b) pendant soixante minutes.
   c) pendant trente minutes.

5. Dans l'autobus n°42, Pierre observe que le monsieur à la grosse
   voix
   a) a l'air méchant.
   b) a l'air de s'ennuyer.
   c) a l'air doux.

6. L'homme va descendre
   a) Gare du Nord.
   b) rue de Maubeuge.
   c) aux Grands Boulevards.

7. Dans la rue, l'homme à la grosse voix marche
   a) très lourdement.
   b) très vite.
   c) très souplement.

8. Il entre dans un immeuble
   a) de trois étages au numéro trente.
   b) de trente étages au numéro six.
   c) de six étages au numéro trente.

9. Au troisième étage Pierre
   a) écoute.
   b) rencontre l'homme à la grosse voix.
   c) sonne à une porte.

10. Pierre va s'asseoir dans un café
    a) parce qu'il est fatigué.
    b) pour attendre la sortie de l'homme.
    c) pour ne pas entendre le bébé qui pleure.

B. Complétez les phrases de la colonne de gauche avec l'élément de la colonne de droite qui convient. Attention: il y a trop de choix dans la colonne de droite!

a) Dans la rue, elle tourne...	1. près.
	2. de trop près.
b) Ensuite, elle entre dans...	3. bruit.
	4. cette histoire.
c) Elle décide d'...	5. de l'homme.
d) Il va s'asseoir en face...	6. attendre.
e) Il a vraiment l'air...	7. innocent.
	8. la porte.
f) Il ne faut pas le suivre...	9. à gauche.
	10. qui pleure.
g) C'est un immeuble de...	11. six étages.
	12. tout droit.
h) On entend soudain un bébé...	13. une maison.
i) Il est très énervé par...	14. la ville.

C. Êtes-vous un bon détective? Imaginez que vous êtes Marielle? Pierre? Que faites-vous?

CULTURE

1. LE CIMETIÈRE DU MONTPARNASSE is a very old cemetery in Paris. Another old cemetery is **le Père-Lachaise** in the east of Paris. Famous people are buried in these cemeteries, and you can get a map to find the tombs of famous poets, such as Baudelaire, writers such as Jean-Paul Sartre and Simone de Beauvoir in Montparnasse, and singers like Edith Piaf or Jim Morrison (The Doors) in Père-Lachaise.

> À VOUS!

Connaissez-vous un cimetière près de chez vous où quelqu'un de célèbre est enterré?

2. JULES VERNE is a 19th-century French writer. He is famous for his science fiction novels that are still read nowadays.

> À VOUS!

Can you find the titles of some of Jules Verne's books in English and in French? Have you read any of them? Have you seen a movie that was made from one of them?

3. CAFÉS, in France, are quite important. That's where people meet, talk, read, and write. You can have a small cup of coffee and stay there for hours. You can have all kinds of drinks, breakfast, a light meal, or sandwiches. There are many cafés everywhere. Some are old and famous, for example, in the Latin Quarter, "LES DEUX MAGOTS" et "LE CAFÉ DE FLORE" have been meeting places for artists and intellectuals for many years.

| À VOUS! |

What is the closest thing to a café in the U.S.A.?

Jeu de Cartes

1. Sur la carte ci-dessous, suivez le trajet fait par Madame Langelet après le métro.

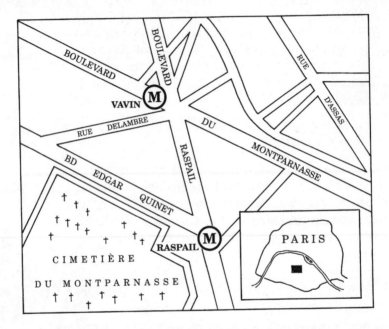

2. Go back to the map on page 76 in chapter 10. Écoutez le texte et suivez le chemin de l'autobus n°42 sur la carte. Notez les endroits où il passe depuis son point de départ jusqu'à son arrivée à la gare du Nord.

Chapitre 13

Depuis une semaine Pierre Roustain est perplexe. Il ne sait pas comment continuer ce qu'il appelle «son enquête». Manon et Marielle ne peuvent pas l'aider tous les jours. Il y a l'école! Il ne veut pas aller
5 trop souvent à la Résidence Violet pour ne pas attirer l'attention des trois «complices». Par contre il sort beaucoup, plus qu'avant. Il marche systématiquement dans les rues du quartier, espérant toujours voir quelque chose.

10 Ce mardi-là, le 4 février, il veut aller à la poste pour voir s'il y a de nouveaux timbres. Il s'approche de la poste, rue du Théâtre, lorsque, de loin, il aperçoit justement Madame Langelet, Monsieur Minervois et le monsieur à la grosse voix qui sortent
15 de la poste.

PIERRE: Quelle chance! Je vais leur parler. Évidemment, le désavantage c'est que le monsieur à la grosse voix va me connaître. Allez, tant pis, j'y vais.

Il s'approche donc et s'aperçoit soudain que les
20 trois «complices» sont en train de se disputer.

se disputer *to quarrel, argue*

MME LANGELET: Non, non, non, absolument pas. Je refuse!

LE MONSIEUR: Mais si, je vous assure. C'est normal et c'est très facile.

25 Pierre s'adresse au groupe.

PIERRE: Tiens, quelle surprise! Bonjour, messieurs
dames.

M. MINERVOIS: Tiens, Monsieur... Monsieur...

PIERRE: Pierre Roustain, vous savez, à la Rési-
30   dence...

M. MINERVOIS: Mais oui, bien sûr, je m'en souviens.

PIERRE: Et c'est bien Madame... Langelet?

MME LANGELET: Oh, cher monsieur, quelle mé-
moire vous avez!

35 M. MINERVOIS: Je vous présente Monsieur Mauvert, il est aussi à la Résidence.

PIERRE: Enchanté... Euh, vous semblez avoir un
problème?

MME LANGELET (rougissant):   Non, pas du tout, ce
40   n'est rien.

M. MINERVOIS: Mais si, justement, c'est quelque
chose... tenez, regardez!

Et, sous le regard ahuri du grand-père de Manon,   ahuri *stunned*
Gustave Minervois sort de sa poche un billet de 50
45 francs.

M. MINERVOIS: Et voilà, encore un!

PIERRE: Un quoi?

MME LANGELET: Et bien, un faux billet! Encore un
faux billet.

50   Pierre ne sait que dire. Comment? Les trois com-
plices avouent? Ils sortent leurs faux billets dans la   avouer *to admit*
rue? Ils n'ont pas peur? Pas honte?

PIERRE: Je... je ne comprends pas. Est-ce que...?

M. MAUVERT: C'est très simple: depuis quelques
55   mois on nous donne souvent des faux billets de 50
francs... En voici un autre!

M. Minervois: Oui, très souvent.

Mme Langelet: Trop souvent, vous voulez dire!

Pierre (d'une voix presque éteinte):   Des... des faux   la voix éteinte
billets... de... de 50 francs?   *speechless*

M. Mauvert: Mais oui, regardez. Le fil est marron
au lieu d'être argenté.

M. Minervois: Et si vous regardez dans un détecteur de faux billets, vous ne voyez pas le mouton.

Pierre (de plus en plus éberlué):   Le... mouton?   éberlué *astounded*

M. Mauvert: Mais oui, le mouton du Petit Prince. Regardez,
vous voyez bien que c'est Saint-
Exupéry, ici.... et devant, voilà
le Petit Prince.

Mme Langelet: Ne me dites pas que vous ne connaissez pas le Petit Prince?

Pierre: Si, si, évidemment... C'est que je suis com-   abasourdi *dumb-
plètement abasourdi!   founded*

M. Minervois: Pourquoi? On ne vous en donne jamais?

Pierre: De quoi?

Mme Langelet: Et bien, des faux billets!

Pierre: Alors, ces billets, on vous les donne. Vous
ne les fabriquez pas?

Mme Langelet regarde Pierre d'un air si étonné
que ce dernier se met à rougir.

M. Minervois: Les fabriquer? Nous? Les faux billets?

Et soudain, là, sur le trottoir, devant la poste, les
trois "complices" du grand-père de Manon partent
d'un éclat de rire qui fait se retourner les passants   le passant *passerby*

et qui cause presque un accident entre un automo-
90 biliste et une jeune femme en scooter◆.

Questions

A. VRAI OU FAUX? Dites si la phrase suivante est vraie. Si elle
est fausse, donnez la bonne réponse.

1. Manon, Marielle et Pierre suivent les trois pensionnaires tous les
   jours.

2. Pierre retourne souvent à la Résidence Violet.

3. Ce jour-là, Pierre va à la poste pour voir Yves.

4. Il rencontre les trois «complices» devant la poste.

5. Quand Pierre les rencontre, les trois pensionnaires parlent très
   fort.

6. Le monsieur à la grosse voix s'appelle Monsieur Maurouge.

7. Soudain Monsieur Minervois sort de sa poche un vrai billet de 50
   francs.

8. Pierre est très étonné parce que les trois «complices» n'ont pas
   honte de montrer les faux billets.

9. Les trois pensionnaires sont contents qu'on leur donne souvent
   des faux billets.

10. On voit un mouton sur le faux billet.

11. Saint-Exupéry a créé Le Petit Prince.

12. Ils se mettent à rire parce que Pierre Roustain les soupçonne de
    fabriquer des faux billets.

B. Complétez les phrases suivantes d'après le texte.

1. Cette scène se passe...

2. Quand Pierre voit les trois pensionnaires, ils...

3. Monsieur Minervois sort...

4. Monsieur Mauvert est furieux car...

5. Le grand-père de Manon est très...

6. Quand ils se mettent à rire, ils sont presque la cause...

CULTURE

TRANSPORTS: In Paris many people travel with **"DEUX ROUES"**, two-wheel machines: bicycles, scooters, motorcycles. There are too many cars, and it is very difficult to find a parking space, therefore the "deux roues" solution is quite popular.

Many high school students have scooters and bicycles, and there are parking spaces in front of high schools. The minimum age to drive a car in France is 18 (16 with an adult in the car) and to drive a scooter it is 16 (14 in some cases). You don't need a driver's license if the scooter is not very powerful.

À VOUS!

Find out at what age one can have a driver's license in various states and/or in other countries. Say it in French.

JEU DES PRÉSENTATIONS

Présentez votre voisin(e) de classe avec son nom et un détail descriptif. Par exemple:
"Je vous présente Daniel qui porte une chemise violette."
"Je vous présente Sophie qui habite près de chez moi".

Après avoir fait le tour des présentations, on va recommencer et, cette fois, ajouter deux détails, puis trois. Par exemple:
"Je vous présente Marc qui est brun, porte un jean et adore le baseball.

COMPRÉHENSION AUDITIVE

Écoutez le texte suivant et complétez les phrases.

1. Le petit prince veut le dessin
   a) d'un avion.
   b) d'un pilote.
   c) d'un mouton.

2. Le petit prince refuse le premier dessin car
   a) le mouton a l'air malade.
   b) il a des cornes.
   c) il est trop vieux.

3. Le pilote est pressé
   a) d'aller à l'aéroport.
   b) de réparer son avion.
   c) de mettre son avion dans une boîte.

4. Le petit prince est heureux du dernier dessin car
   a) la boîte est jolie.
   b) il y a deux trous d'aération.
   c) il peut imaginer le mouton.

Chapitre 14

Les trois «complices» et Pierre Roustain sont maintenant au Café◆ de la Poste où ils viennent d'entrer. Monsieur Minervois ne peut pas s'empêcher de rire. Ils sont assis dans un petit coin tranquille. Tous les
5 quatre demandent un café.

MME LANGELET: Ainsi donc, cher Monsieur, vous pensez que nous fabriquons des faux billets?

M. MAUVERT: C'est une idée extraordinaire. Je peux imaginer les titres à la UNE des journaux:
10 «LE GANG DU TROISIÈME ÂGE»...

la une *first page*

M. MINERVOIS: Ou «LES PETITS VIEUX S'AMUSENT»...

MME LANGELET: Et pourquoi pas une rime avec votre nom: «MAUVERT, CHEF DES FAUS-
15 SAIRES»!

Le grand-père de Manon, d'abord très gêné, commence à se sentir mieux devant la bonne humeur de ses compagnons. Il leur explique donc toute l'histoire depuis la visite chez Manon, les deux billets, le
20 boulanger, l'article dans le journal, la découverte de la Résidence Violet, etc...

M. MINERVOIS: Bravo! C'est un vrai travail de détective!

PIERRE: C'est que... je suis un ancien juge!

ancien(ne) *former*

25 MME LANGELET: Ah bon, je comprends!

M. Minervois: Mais vous savez, trêve de plaisanterie, il y a bel et bien des faux billets! Nous en
voyons souvent. Vous aussi?

*trêve de plaisan-
terie* no kidding
bel et bien *really*

Pierre: Non, pas du tout! C'est la première fois...
30 et même la seule fois, à cette boulangerie.

Mme Langelet: Nous, on en reçoit très souvent,
très très souvent.

Pierre: Mais, pourquoi VOUS en particulier?

M. Mauvert: Je ne sais pas, mais en tant qu'an-
35 cien professeur de mathématiques, je peux vous
affirmer que nous en recevons plus que ne
l'indiquent les lois de la probabilité!

en tant que *as*

Mme Langelet: Et nous ne sommes pas les seuls.
Les autres pensionnaires de la Résidence sont
40 dans la même situation.

Pierre: Mais alors, si vous en recevez tant, qu'en
faites-vous?

Le silence qui tombe alors sur le groupe surprend
le grand-père de Manon. Les trois amis se regardent,
45 l'air gêné. Personne ne répond. Le silence devient
pesant. Monsieur Minervois semble prendre son
courage à deux mains.

pesant *heavy*

M. Minervois: Et bien, justement, c'est la raison
de notre dispute de tout à l'heure.

50 M. Mauvert: Nous ne sommes pas d'accord.

Mme Langelet: Enfin, c'est surtout moi qui ne
suis pas d'accord avec eux. Vous allez me trouver
bien... vieux jeu.

vieux jeu *old-
fashioned*

M. Minervois: Voilà toute l'histoire: nous, c'est-à-
55 dire tous les gens que je connais...

M. Mauvert: Sauf Odette, évidemment...

M. Minervois: Nous les recyclons.

Pierre: C'est-à-dire?

M. MAUVERT: Et bien nous faisons semblant de ne
60   pas savoir qu'ils sont faux et nous nous en ser-
vons.

⊟ PIERRE, se levant d'un bond: Mais, c'est du vol!   le vol *theft*

MME LANGELET: Ah, enfin quelqu'un qui pense
comme moi! Merci ! Mille fois merci!

65 M. MINERVOIS: Mais nous ne faisons rien de mal.
On nous donne les faux billets. Nous ne sommes
pas coupables; nous ne les fabriquons pas.

PIERRE: Peut-être, mais vous SAVEZ qu'ils sont
faux!

70 M. MAUVERT: Nous les donnons chez les com-
merçants qui, eux, les apportent à leur banque. Ils
n'ont aucun problème.

PIERRE: C'est faux.

Et Pierre leur raconte l'histoire des boulangers et
75 de leur boîte avec les 257 faux billets.

PIERRE: Vous voyez, c'est faux. Les banques confisquent les faux billets sans les remplacer! Vous
devez aller à la police et tout leur raconter.

M. MAUVERT: Oh, vous savez, la police!

80 PIERRE: Mais, attendez. Savez-vous où l'on vous
donne ces faux billets?

M. MINERVOIS (assez gêné): Euh.... non, pas vraiment...

PIERRE: Comment ça, pas vraiment? Vous le savez
85   ou vous ne le savez pas?

MME LANGELET: Et bien voilà, depuis quelques semaines j'ai un vague soupçon...

M. MAUVERT: Un soupçon absolument ridicule!

90 PIERRE: Et bien, dites-le quand même.

95 MME LANGELET (à voix basse, regardant autour
     d'elle):   Et bien, moi, je pense que c'est le Gou-
     vernement.

PIERRE: Le Gouvernement?

MME LANGELET: Oui. Je suis presque certaine que
     c'est À LA POSTE qu'on nous donne les faux billets.

QUESTIONS

A. Répondez aux questions avec une phrase complète.

1. Qui est maintenant au Café de la Poste? Dites leurs noms.

2. Que boivent-ils?

3. Qu'est-ce-qu'ils imaginent en riant?

4. Qui est un ancien professeur de mathématiques?

5. Sur quel sujet ne sont-ils pas d'accord?

6. Que font Monsieur Mauvert et Monsieur Minervois avec les faux billets?

7. Pourquoi est-ce que Madame Langelet n'est pas d'accord avec eux?

8. Qui pense exactement comme Madame Langelet?

9. D'après Madame Langelet, où est-ce qu'on leur donne les faux billets?

10. D'après elle qui est peut-être responsable?

11. Les deux autres pensionnaires sont-ils d'accord avec elle?

B. GROS TITRES (Titres d'articles à la première page des journaux)

Retrouvez les gros titres à la UNE des journaux.

Exemple: TEMPÊTE / SUR L'ATLANTIQUE

A) TERRIBLE ACCIDENT

B) ARRÊT DE TRAVAIL À LA

C) UN PRISONNIER

D) LE CHEF DE LA POLICE SOUPÇONNE

E) LE MYSTÈRE

F) LES BOULANGERS

G) RETARD DANS LES

1. QUITTE LA PRISON EN PLEIN JOUR
2. S'AMUSENT
3. DE VOITURE
4. DES GALETTES DES ROIS
5. POSTE
6. TRANSPORTS AÉRIENS
7. UN ACTEUR TRÈS CONNU

C. ÉCRITURE

Seul ou en groupes, écrivez un court article de journal qui commente un des titres ci-dessus. Imaginez le lieu, le jour, les causes et les conséquences de cet évènement.

CULTURE

AU CAFÉ: Dans un café, on peut boire quelque chose, mais on peut aussi manger des «petites bouffes», des repas légers. Voici quelques exemples:

MENU

Sandwiches		Boissons	
jambon-beurre	16 francs	coca	20 francs
fromage	16 francs	orangina	20 francs
croque-monsieur	25 francs	vittel	16 francs
rillettes	20 francs	limonade	16 francs
crudités	18 francs	chocolat	20 francs
œuf dur	5 francs	café	15 francs
Assiette			
charcuterie	40 francs	Bière pression	20 francs
Salades			
campagnarde	37 francs	Beaujolais, le verre	25 francs
niçoise	37 francs	Muscadet, le verre	25 francs

A **croque-monsieur** is a kind of grilled Swiss cheese and ham sandwich. **Rillettes** are a delicious paste made with pork and spices. **Crudités** is a dish of simple salads of raw vegetables, radishes, tomatoes, carrots, mushrooms, etc. **Assiette Charcuterie** contains **saucisson,** sausage, ham, **pâté** and small sour pickles called **cornichons. Salade Campagnarde** is a charcuterie and potato salad; **salade Niçoise** is a tuna and vegetable salad.

| À VOUS! |

DIALOGUES: Vous êtes au café et un(e) autre élève va jouer le serveur/la serveuse. Il peut aussi y avoir tout un groupe de «clients».
Commandez, demandez l'addition et payez.

JEU DE MOTS

Donnez le contraire des mots ci-dessous pris dans le chapitre et trouvez le message caché.

```
PETIT          □ _ _ _ _
ASSIS          _ _ _□_ _
RIRE           _ _ _□_ _ _
BONNE          _ _ _□_ _ _ _
MAL            _ _□_
PREMIÈRE       _ _□_ _ _ _ _
QUELQU'UN      _ _ _ _ _□_ _
ANCIEN         _ _ _ _□_ _
SOUVENT        _ _ _ _□_ _ _
RECEVEZ        _ _ _ _□_ _
TRANQUILLE     _ _ _ _ _□_
ENTRER         _ _ _□_ _
```

Message à trouver: (avec les lettres qui sont dans les carrés) :

Pour Madame Langelet, le coupable, c'est le ____.

Chapitre 15

Le Gouvernement! La poste! En rentrant chez lui, le grand père de Manon réfléchit. C'est IMPOSSI- BLE! Le Gouvernement ne va pas fabriquer des faux billets et les écouler. C'est très mauvais pour l'é- conomie, c'est une idée absurde...

écouler *to get rid of*

Aussitôt rentré, il appelle Manon pour lui racon- ter toute l'histoire.

MANON: C'est extraordinaire! Ainsi, nos trois pe- tits vieux sont innocents! Mais, dis-donc, et leurs airs mystérieux? Et Issy-les-Moulineaux, la rue Delambre, la rue de Bellefond?

PIERRE: C'est pourtant vrai. Tu crois qu'ils men- tent?

mentir to *lie*

MANON: Pourquoi pas? Si ce sont de vrais gang- sters, ils savent raconter des histoires.

PIERRE: J'ai du mal à le croire... Surtout Madame Langelet, si honnête...

MANON: Attention Papie, il ne faut pas se fier aux apparences!

PIERRE: En somme, toi, tu penses que je suis trop naïf?

MANON: Peut-être. Leur comportement est quand même bien étrange.

le comportement *behavior*

PIERRE: Oui, tu as sans doute raison.

MANON: Continue à observer le quartier. Retourne souvent à la poste.

PIERRE: De toutes façons je dois y aller — je connais un des employés: Yves.

MANON: Ah bon?

30   Mais Pierre ne veut surtout pas lui dire qu'il prépare une collection de timbres pour son dix-septième
anniversaire...

PIERRE: Oui, il est breton. On parle de temps en
temps...

35 MANON: Et bien, c'est parfait! Va le voir... Bon,
salut Papie, je dois y aller, j'ai un D.S.T♦. en
chimie demain. Je te fais une grosse bise.

une bise *a kiss*

PIERRE: Bon courage, ma chérie. Je te tiens au
courant.

je te tiens au cou-
rant *I'll let you
know*

40   Pierre ne sait que penser. Les trois «amis» semblent si gentils, si honnêtes, avec lui, du moins! Est-
il possible qu'ils le mènent en bateau?
    Ce mercredi, le 5 février, Pierre décide d'aller faire
un tour à la poste. Yves est justement au guichet n°1.

mener en bateau *to
take for a ride*

45 PIERRE: Alors, Yves, ça va comme vous voulez?

YVES: Merveilleusement! Regardez ce qui vient
d'arriver: un nouveau timbre à 3 francs!

PIERRE: Faites voir?

YVES: Regardez,   c'est
50   Saint-Ex!

☐ PIERRE: Mais oui, en effet, le petit prince, le
renard et la rose! Il y a
une raison spéciale?

55 YVES: C'est bientôt le centenaire de sa naissance.

PIERRE: Oui, c'est vrai.

YVES: Vous savez, un pêcheur vient de trouver sa
gourmette dans la Méditerranée, là où son avion
a disparu.

la gourmette *ID
bracelet*

60 PIERRE: Et bien, ce timbre, vous m'en donnez cinquante.

YVES: Tout de suite, Monsieur Roustain. Et la
Résidence Violet, vous allez y entrer?

PIERRE: Et bien, j'hésite encore... Peut-être. À pro-
65 pos, le «trio» vient toujours ici?

YVES: Oui, bien sûr, surtout au début du mois,
pour toucher leur pension....

PIERRE: Évidemment... Et sans doute aussi les intérêts de leur Livret A.

70 YVES: Tout à fait. C'est pourquoi il y a tant de
monde à la poste en début de mois.

PIERRE: Oui, ils ne sont pas les seuls... Je m'en
doute! Et ce «trio», vous le trouvez comment?

YVES: Comment? Mais sympathique, fort sympa-
75 thique!

Pierre n'ose pas insister. Rien ne semble étrange
à la poste. En tout cas l'idée d'Odette Langelet est
absurde. Le Gouvernement... fabriquer des faux billets... Ridicule!

80 En sortant de la poste, Pierre se heurte soudain   se heurter to *bump*
au monsieur à la grosse voix, comme il l'appelle en-   *into*
core, Monsieur Mauvert, qui semble se diriger,
comme avant, vers l'arrêt du bus n°42.

M. MAUVERT: Tiens, Monsieur Roustain. Comment
85 allez-vous?

PIERRE: Très bien, très bien, vous allez prendre le
bus?

M. MAUVERT: Oui, j'ai un rendez-vous urgent.

PIERRE: Et bien, nous allons voyager ensemble, je
90 dois, moi aussi, prendre le 42.

QUESTIONS

A. Choisissez la proposition ou les mots qui complètent le mieux
la phrase.

1. Pour le grand-père de Manon, l'idée que c'est le Gouvernement qui
   fabrique les faux billets est tout à fait
   a) amusante.
   b) possible.
   c) ridicule.

2. Manon pense que son grand-père est trop naïf car
   a) il croit ce que disent les trois «complices».
   b) il ne croit pas ce que disent les trois «complices».
   c) il ne sait pas raconter une histoire.

3. Pierre ne veut pas trop parler d'Yves à sa petite fille
   a) à cause des faux billets.
   b) à cause de sa collection secrète.
   c) parce qu'il est breton.

4. Manon ne peut pas parler trop longtemps avec son grand-père
   a) parce qu'elle doit réviser sa chimie.
   b) parce qu'elle doit aller à son cours de chimie.
   c) parce qu'elle trouve que les trois pensionnaires ont un com-
      portement étrange.

5. Le Petit Prince est sur les nouveaux timbres car
   a) c'est l'anniversaire de la mort de Saint-Exupéry.
   b) c'est l'anniversaire de son avion.
   c) c'est l'anniversaire de sa naissance.

6. D'après Yves, le «trio» est
   a) étrange.
   b) gentil.
   c) absurde.

7. Soudain, Pierre rencontre Monsieur Mauvert
   a) dans l'autobus.
   b) à la poste.
   c) devant la poste.

8. Le grand-père de Manon prend le bus nº 42
   a) pour être avec Monsieur Mauvert.
   b) pour aller à un rendez-vous urgent.
   c) pour aller voir Madame Langelet.

B. LES MOYENS DE TRANSPORT (exercice écrit ou oral)

Trouvez, dans la liste ci-dessous, un ou deux adjectifs pour caractériser les moyens de transport cités. Justifiez votre réponse comme dans l'exemple suivant:

Exemple: Le scooter est facile à garer parce que c'est plus petit qu'une voiture.

amusant	cher	écologique	pratique
bon marché	confortable	facile à garer	rapide
bruyant	dangereux	silencieux	

1. L'autobus   4. Le bateau à voile   7. La moto

2. L'avion   5. La bicyclette   8. Le scooter

3. Le bateau à moteur   6. L'hélicoptère   9. La voiture

CULTURE

1. A "D.S.T." in French means a «DEVOIR SUR TABLE», in other words an exam done in class. Students have those small exams quite often during the school year. Of course, at the end of each term (or semester) there are more important exams in all subjects.

At the end of the 12th grade, students take a very big exam called: **le Bac (baccalauréat)**. That exam is like a passport to enter universities. During the last year, practice exams for the Bac are called **"bac blanc"**.

À VOUS!

How often do you have exams in your school? What kind? Do you know other school systems where there are different exams?

2. <u>ANTOINE DE SAINT-EXUPÉRY</u>, the writer who wrote *Le Petit Prince* and many other books, was also a pilot.

À VOUS!

Find out all you can about Saint-Exupéry's biography and his books, and write it out in English or in French.

JEU DE MÉMOIRE

Apprenez par cœur ces quelques phrases du *Petit Prince*.

On ne voit bien qu'avec le cœur. L'essentiel est invisible pour les yeux.

C'est le temps que tu as perdu pour ta rose qui fait ta rose si impor- tante. Tu es responsable de ta rose.

«Apprivoiser»... ça signifie «créer des liens»... Si tu m'apprivoises, tu seras pour moi unique au monde. Je serai pour toi unique au monde.

Et aussi cette phrase de Saint-Exupéry sur l'amour:

S'aimer, ce n'est pas se regarder l'un l'autre, mais c'est regarder ensemble dans la même direction.

Je crois qu'il profita, pour son évasion, d'une migration d'oiseaux sauvages.

Chapitre 16

Dans l'autobus Pierre observe son compagnon mais ce dernier ne semble pas particulièrement nerveux. Ils parlent de choses et d'autres...
Monsieur Mauvert demande soudain:

5 M. MAUVERT: Vous descendez où?

Pierre, qui pense connaître l'arrêt de Paul Mauvert, réplique:

PIERRE: Au terminus, Gare du Nord.

M. MAUVERT: Alors je vais vous quitter. Je de-
10   scends avant vous.

PIERRE: Vous... travaillez encore? Vous n'êtes pas à la retraite?

M. MAUVERT: Oh, travailler... ce n'est pas vraiment un travail, je ne gagne pas d'argent. Je donne des
15   cours de rattrapage aux enfants d'un collège du quartier.

un cours de rattrapage *remedial class*

PIERRE: Des... cours?

M. MAUVERT: Oui, de maths, des cours de maths. Ce sont des enfants qui viennent d'un milieu dé-
20   favorisé. Ils n'ont personne pour les aider à la maison.

défavorisé *underprivileged*

Pierre Roustain sent les larmes lui monter aux yeux et, soudain, il est si honteux qu'il a envie de disparaître dans un trou de souris...

la souris *mouse*

25 PIERRE: Paul, vous permettez que je vous appelle
Paul?

PIERRE: Mais bien sûr, qu'y a-t-il?

Et le grand-père de Manon, rouge de honte et de
confusion, lui raconte sa filature, celles de Manon et   la filature
30 de Marielle et les soupçons des trois détectives en   *shadowing*
herbe. Cette fois-ci, Monsieur Mauvert ne se met pas   le détective en
à rire; il reste sérieux.   herbe *apprentice*
                                                               detective

M. MAUVERT: Écoutez, vous n'avez pas à avoir
honte. Quand on commence un travail, il faut le
35 continuer et, si possible, le finir. Dans notre cas,
c'est une erreur, voilà tout!

PIERRE: Mais, dites-moi, Madame Langelet et
Monsieur Minervois, ils font aussi du bénévolat?   le bénévolat
                                                               volunteer work

M. MAUVERT: Oui, Odette donne des leçons de
40 piano et Gustave des cours d'alphabétisation à des   alphabétisation *f*
immigrés qui veulent apprendre le français. C'est   *reading and*
une association de bénévoles qui dépend de la   *writing*
mairie◆ du 15ème.

PIERRE: Mais pourquoi tous ces airs mystérieux?

45 M. MAUVERT: Ah, ça, c'est une idée d'Odette: rester
discret. Vous voyez, ce que nous faisons est normal. Nous avons le temps et les capacités pour le
faire, mais nous ne voulons ni remerciements ni
compliments.

50 PIERRE: Ainsi, c'est par discrétion! Comme j'ai
honte! Quel idiot je suis...

M. MAUVERT: Mais non, mais non. Tenez, venez
avec moi. C'est là que je descends. Vous devez
vraiment aller Gare du Nord?

55 Pierre, en rougissant, lui explique que, non, en
effet... Ce stratagème pour le suivre plaît à monsieur
Mauvert.

M. MAUVERT: On va bien rire, ce soir, quand je vais raconter cette histoire aux deux autres!

60 C'est ainsi que le grand-père de Manon passe son après-midi, avec son nouvel ami, dans un appartement aménagé en école de rattrapage. Il aide même des élèves de 5ème à réviser leur cours d'histoire.

aménagé *transformed*

65 Sur le chemin du retour il a du mal à cacher son émotion.

PIERRE: Au fond, je ne suis qu'un vieil égoïste: mes roses, mon journal, ma petite-fille!

au fond *basically*

M. MAUVERT: Rien ne vous empêche de revenir ici, 70 avec ou sans moi... Certains bénévoles viennent deux ou trois fois par semaine.

PIERRE: Pourquoi pas, ce n'est pas le temps qui me manque!

M. MAUVERT: Vous êtes quelqu'un de très bien, 75 mon cher Pierre. Je peux vous appeler Pierre?

PIERRE: Bien sûr! Mais c'est vous, et vos amis, qui me montrez un exemple extraordinaire!

M. MAUVERT: Allons, allons... Arrêtons toutes ces politesses! Vous savez, cette histoire de faux bil- 80 lets, il ne faut pas la minimiser. Ils existent bel et bien et, au fond, Odette n'a pas complètement tort!

PIERRE: Comment? Vous aussi, vous pensez que c'est le Gouvernement?

85 M. MAUVERT: En tout cas, Odette a raison. Je suis presque certain qu'on nous en donne à la poste.

avoir raison *to be right*

PIERRE: Mais c'est absurde! Pourquoi? Quel avantage a le Gouvernement à fabriquer des faux billets?

90 M. MAUVERT: Allez donc savoir! Tout est si compliqué: l'Europe◆, l'économie mondiale.

PIERRE: En tant qu'ancien magistrat je vous dis
que c'est ridicule; je ne peux pas croire à tant de
malhonnêteté de la part de nos gouvernants.

95 M. MAUVERT: En fait nous pensons même connaître l'agent secret chargé de les distribuer...

PIERRE: Où? A la poste? Rue de Lourmel?

M. MAUVERT: Exact. C'est un jeune homme, un
Breton. Il s'appelle Yves Leguéflec.

QUESTIONS

A. VRAI OU FAUX? Dites si les phrases suivantes sont vraies. Si
elles sont fausses, donnez la bonne réponse.

1. Dans l'autobus, Monsieur Mauvert est très inquiet.

2. Monsieur Mauvert donne des cours parce qu'il a besoin d'argent.

3. Le grand-père de Manon a honte de ses soupçons.

4. Monsieur Mauvert est très vexé par toute cette histoire.

5. Madame Langelet aussi donne des cours de maths.

6. Monsieur Minervois donne des cours de français aux étrangers.

7. Les trois «complices» ont des airs mystérieux parce qu'ils veulent
des compliments.

8. Les deux hommes descendent de l'autobus à la Gare du Nord.

9. Ce jour-là, le grand-père de Manon fait, lui aussi, du bénévolat.

10. Dans la vie Pierre Roustain a trois amours: sa petite-fille, son
journal et les timbres.

11. Au sujet des faux billets, Monsieur Mauvert commence à être
d'accord avec Odette Langelet.

12. Le grand-père de Manon ne connaît pas Yves Leguéflec.

B. Dans ce résumé du chapitre, les verbes manquent. Trouvez-les dans la liste ci-dessous.

a	distribue	entend	parlent	s'appelle
aide	donne	existent	prennent	sont
apprend	enseigne	font	refusent	veulent

Le grand-père de Manon est dans l'autobus avec Monsieur Mauvert. Ils __1__ tranquillement et soudain Pierre __2__ que son compagnon __3__ des cours à des enfants qui ont besoin d'aide! Les deux autres «complices» aussi __4__ du bénévolat: Odette Langelet __5__ le piano et Monsieur Minervois __6__ les immigrés qui __7__ apprendre le français. Pierre __8__ honte de ses soupçons! De plus, les trois pensionnaires de la Résidence Violet __9__ les compliments, et c'est pour cette raison qu'ils __10__ souvent des airs mystérieux.

Pourtant, les faux billets __11__ vraiment, même si les coupables ne __12__ pas les fameux complices! C'est avec stupeur, on peut l'imaginer, que le grand-père de Manon __13__ Monsieur Mauvert lui dire que le Gouvernement est peut-être coupable et que l'agent secret qui __14__ les faux billets à la poste __15__ Yves Leguéflec!

CULTURE

1. In France, each town or village has a city hall and a mayor (**le maire**). In Paris, there is the **Hôtel de Ville** for the entire city, but each **arrondissement** (see Chapter 1) has a city hall and a mayor to deal with local problems.

You go to the city hall to register a birth, a death, to get married, to vote, to register a child in school, to get information about childcare, day care centers, help for the elderly, schools, housing, special programs, etc.

LA MAIRIE DU XVÈME			

31, rue Péclet — 01.55.76.75.15
Ouverture tous les jours de 9 h à 18 h.

Déclaration de naissance	01 55 76 75 76	Dossiers de mariage	01 55 76 75 75
Déclaration de décès	01 55 76 75 77	Élections	01 55 76 75 90
État Civil	01 55 76 75 83	Cartes d'identité	01 55 76 75 40
Inscriptions en crèches	01 55 76 75 16	Inscriptions scolaires	01 55 76 75 35
Demandes de logement	01 55 76 75 20	Affaires militaires	01 55 76 75 30
Centre d'action sociale	01 55 76 75 21	Certifications	01 55 76 75 41

À VOUS!

Look at the above listing from the 15th arrondissement town hall. Decide which number you are going to call, say it in French; and have a conversation on the phone about the specific matter with the town hall employee.

a) you are getting married.

b) you are registering a birth.

c) you want information about day care centers.

d) you want to register your child in primary school.

e) you want to register to vote.

2. <u>EUROPE</u> is being unified and there will be many changes in the institutions of the various countries. The C.E. (COMMUNAUTÉ EUROPÉENNE) was created after World War II, mostly under the influence of Jean Monnet (1957 Treaty of Rome). At first, it was called the "Common Market." At the origin there were 6 countries, then 9, then 12, then 15.

It has its own flag, 12 gold stars on a deep blue background. No matter how many countries join eventually, the flag will always have twelve stars.

À VOUS!

Find out how many countries are now part of the C.E. Make a list of these countries, in French, and draw their national flag as well as the European flag.

Compréhension Auditive

Texte A: Écoutez le texte et choisissez la bonne réponse.

Sa matière préférée est
  a) le français.
  b) la lecture.
  c) les mathématiques.

Texte B: Écoutez le texte et répondez aux trois questions.

  a) Pourquoi les immigrés doivent-ils apprendre le français?
  b) Où ont lieu les cours?
  c) Quand ont lieu les cours?

Texte C: Écoutez le texte et choisissez la bonne réponse.

La classe d'histoire est intéressante
  a) parce qu'on parle de la vie de Louis XV.
  b) parce qu'on lit des documents de l'époque.
  c) parce qu'on est actif dans la classe.

Chapitre 17

Aujourd'hui mercredi, le 12 février, Manon, qui sort de ses cours à midi, a rendez-vous avec son grand-père pour déjeuner au Café du Commerce. Ensuite elle va faire ses devoirs d'anglais et, bien
5 sûr, ils vont parler du mystère des faux billets de 50 francs.

Quand elle arrive, son grand-père n'est pas seul: ses trois «nouveaux amis» sont là aussi. Elle les connaît déjà, évidemment... surtout Monsieur Miner-
10 vois. Mais maintenant, Pierre Roustain la présente officiellement. Ils vont s'asseoir au deuxième étage, dans un coin tranquille, pour pouvoir discuter.

Le serveur connaît bien le grand-père de Manon qui vient déjeuner au Café du Commerce au moins
15 une fois par semaine.

LE SERVEUR: Bonjour Monsieur Roustain, Madame, Messieurs, Mademoiselle.

PIERRE: Antoine, je vous présente mes amis et ma petite fille, Manon.

20 LE SERVEUR: Bienvenue, tout le monde. Installez-vous. Voici la carte. Je vous laisse choisir. Si vous avez des questions, demandez à Monsieur Roustain. Il connaît la maison!

La décision est vite prise car le grand-père de
25 Manon insiste à faire goûter à tout le monde ses deux plats préférés, c'est-à-dire, la mousse de saumon comme hors d'œuvre et comme plat, le filet de bœuf au poivre avec des frites.

bienvenue *welcome*
tout le monde *everybody*

goûter *to taste*

30 LE SERVEUR: Et bien, vous n'êtes pas des clients
compliqués; c'est mon jour de chance!   la chance *luck*

En fait, nos cinq amis veulent seulement parler,
parler de leur plan. Car ils ont un plan: après déjeuner, ils vont aller à la poste et Monsieur Miner-
35 vois va prendre 650 francs.

MANON: Et si Yves n'est pas au guichet?

PIERRE: Bien sûr, c'est une possibilité.

MME LANGELET: De toutes façons il y a un risque.
Il ne nous donne pas des faux billets à chaque fois!

40 M. MAUVERT: Attendez, j'ai une idée. Je peux prendre de l'argent moi aussi. Cela double nos chances.

PIERRE: Vous savez, j'ai beaucoup de mal à croire à
la culpabilité d'Yves; c'est un garçon charmant!

MME LANGELET: Attention, ne vous fiez pas aux ap-
45 parences...

MANON: Hum... hum...Nous en savons quelque
chose, n'est-ce pas Papie?

Le groupe se met à rire. Le serveur apporte les
hors d'œuvre et chacun mange, mais, contrairement
50 à ses habitudes, Pierre est trop préoccupé pour vraiment apprécier la nourriture. Il continue:

PIERRE: Et après, qu'est-ce qu'on fait?

M. MINERVOIS: Si ce garçon est utilisé par le Gouvernement pour distribuer les faux billets, il doit
55 y avoir d'autres employés, chargés de la même
chose, dans tous les bureaux de poste.

MANON: On ne peut pas faire tous les quartiers!

PIERRE: Une chose est certaine: ce garçon, Yves, il
va très souvent en Bretagne, à Trégastel.

60 MME LANGELET: C'est dans quelle région? C'est
grand, la Bretagne◆ !

PIERRE: C'est au nord de Saint-Brieuc, un petit village, sur la Côte de Granit Rose.

M. MAUVERT: Evidemment, c'est là-bas qu'ils peu-
65   vent faire les faux billets pour, ensuite, les distribuer à Paris.

M. MINERVOIS: Mais, dites donc, c'est près de
Pleumeur-Bodou?

PIERRE: Oui, en effet.

70 MANON: Pleumeur-Bodou, qu'est-ce que c'est?

M. MAUVERT: Et bien, jeune fille, on ne vous apprend donc rien à l'école? C'est un centre de télécommunications spatiales.

MME LANGELET: C'est-à-dire un endroit idéal pour
75   des activités secrètes...

PIERRE: Non, on peut le visiter.

MANON: On peut TOUT visiter?

PIERRE, ébranlé: Euh... Non, pas tout, c'est aussi   *ébranlé shaken*
un centre de recherches; il y a toute une section in-   *interdit forbidden*
80   terdite aux visiteurs.

MME LANGELET: Voilà; exactement ce que je dis...

Le repas se termine vite. Les quatre adultes prennent un café et Manon une glace au chocolat.

LE SERVEUR: Alors, mon filet, qu'est-ce que vous en
85   dites?

PIERRE: Excellent, comme d'habitude... Mais, aujourd'hui, nous sommes pressés. Vous nous excusez, Antoine?

LE SERVEUR: Mais bien sûr, allez, bon après-midi,
90   tout le monde.

Comme convenu le petit groupe se dirige vers la
poste. Yves Leguéflec est au guichet n°3. Monsieur
Minervois, comme prévu, prend 650 francs. Mon-

sieur Mauvert le suit et prend 450 francs. À ce mo-
95 ment-là, Pierre se présente.

YVES: Tiens, Monsieur Roustain, bonjour, mais,
vous voyez, je ne suis pas au bon guichet pour les ...

PIERRE (un doigt sur la bouche):   Yves, je vous présente Manon, ma petite fille.
100

YVES: Ah... bon, oui, bien sûr... Enchanté, Made-   enchanté *delighted*
moiselle.

MANON: Bonjour, Monsieur.

PIERRE: Donnez-moi seulement un carnet de tim-
bres courants.   courant *ordinary*
105

YVES: Voilà, ça fait 40 francs.

PIERRE: Merci beaucoup. Tenez, voilà 40 francs.
Vous n'allez pas en Bretagne ces jours-ci?

YVES: Si, justement, je pars le 25 février, j'y vais
pour trois ou quatre jours.
110

PIERRE: Et bien, au revoir et bon voyage.

MANON: Au revoir, Monsieur.

YVES: Merci, au revoir Monsieur Roustain, au revoir Mademoiselle.

115 Manon et son grand-père sortent de la poste et
retrouvent le reste du groupe au coin de la rue Violet.

M. MINERVOIS: Et voilà, regardez!

Le billet de 50 francs qu'Yves vient de lui donner,
avec un billet de 500 francs et un billet de 100 francs
est, de toute évidence, faux.
120

MME LANGELET: Alors, vous me croyez maintenant?

M. MAUVERT: Peut-être bien... Regardez, moi aussi
j'ai un faux billet.

PIERRE: Ainsi, c'est pour cela qu'il va si souvent en
Bretagne!

125 MANON: Papie, il ne nous reste qu'une chose à
faire: aller en Bretagne, nous aussi.

PIERRE: Quoi? Tu es folle? Aller en Bretagne?
Quand? Qui?

MANON: Et bien, nous deux... Et vous aussi, si vous
130   voulez.

M. MAUVERT: Non merci... La Bretagne en hiver!

MME LANGELET: Moi non plus, ça ne me tente pas
tellement...

M. MINERVOIS: Moi, j'ai horreur de la mer!

avoir horreur de to detest
la mer sea

135 PIERRE: Mais, c'est impossible! Et l'école? C'est
trop loin pour y aller un week-end!

MANON: Ben alors, Papie, tu ne penses à rien! Les
vacances d'hiver commencent jeudi prochain, le 20
février, et durent deux semaines...

140 PIERRE: Et Yves Leguéflec y va le 25 pour trois ou
quatre jours...

QUESTIONS

A. Répondez aux questions avec une phrase complète.

1ère partie: Au restaurant

1. Pourquoi Manon peut-elle déjeuner au Café du Commerce?

2. Combien de personnes déjeunent ensemble? Dites leur nom.

3. Pourquoi est-ce que le serveur connaît bien le grand-père de Manon?

4. Pourquoi est-ce que tout le monde commande les mêmes plats?

5. Quel est le plan de nos cinq amis?

6. Pourquoi est-ce que Pierre n'apprécie pas vraiment ce qu'il mange?

7. Où Yves Leguéflec va-t-il souvent en Bretagne?

8. Pourquoi est-ce que Pleumeur-Bodou est un endroit idéal pour des activités secrètes?

9. Que prend Manon comme dessert?

10. Et les adultes, que prennent-ils?

2ème partie: À la poste

1. Yves est-il au guichet de la philatélie?

2. Combien d'argent prend Monsieur Minervois?

3. Et Monsieur Mauvert, combien prend-il?

4. Pourquoi Pierre Roustain met-il le doigt sur sa bouche quand Yves commence à lui parler?

5. Quand Yves part-il en Bretagne?

6. Combien de temps va-t-il rester?

7. Qui a un faux billet de 50 francs?

8. Que propose Manon?

9. Pourquoi les trois pensionnaires de la Résidence Violet ne veulent-ils pas aller en Bretagne?

10. Quelle est l'objection du grand-père de Manon?

11. Comment est-ce que Manon répond à cette objection?

B. DIALOGUE: AU RESTAURANT

Complétez ce dialogue en donnant des réponses appropriées. Vous pouvez, si vous voulez, regarder le menu du chapitre 3 ou imaginer des plats à votre choix.

– Bonjour Madame / Bonjour Monsieur, voulez-vous cette table, près de la fenêtre?
– Voici notre menu. Comme hors d'œuvre, vous désirez?
– Bien, et comme plat principal?
– Très bien, et que voulez-vous boire?
– Et pour finir? un petit dessert?
– Parfait, je vous souhaite un bon appétit.

C. Complétez les phrases avec un des éléments de la liste suivante. Attention, vous devez relier les deux éléments avec **au** ou **aux**.

Exemple: Ils téléphonent _____ pensionnaires. Ils téléphonent aux pensionnaires.

apparences	chocolat	nord de Saint-Brieuc
guichet	visiteurs	deuxième étage
café	coin de la rue	grand-père de Manon
revoir		

1. Manon a rendez-vous...

2. Ils vont s'asseoir...

3. Ils font confiance...

4. Manon prend une glace...

5. Il ne faut pas se fier...

6. Il y a une section interdite...

7. Ils prennent de l'argent...

8. Yves leur dit...

9. Il va en Bretagne...

CULTURE

<u>LES PROVINCES:</u> France used to be divided into 36 provinces. Many of those provinces remained independent dukedoms for centuries and sometimes fought against each other or the king of France. Burgundy (**la Bourgogne**), for instance, did not become part of the kingdom of France until 1477. Brittany (**la Bretagne**) was finally united to France in 1532.

Here is a map of the various provinces.

À VOUS!

a) Find Brittany on the map.
b) Individually or in groups, do research on the French provinces and do a presentation of your research to the class. You might select one province and let the class guess which one it is.

Chapitre 18

Samedi 22 février, 8 heures du matin.

Manon et son grand-père sont en voiture: direction Trégastel, Côtes d'Armor. Ils prennent l'autoroute A 10, Porte d'Orléans. C'est Pierre, évidemment, qui conduit Pénélope, sa petite Citroën blanche, et c'est Manon qui navigue. C'est Manon qui appelle la voiture Pénélope◆, parce qu'elle file! Ah, ah, ah...

conduire *to drive*

filer *to go fast / to spin* (play on words — See Culture 1.)

MANON: Donc, c'est très simple: on passe par Chartres, ensuite Le Mans, Laval, Rennes, Saint-Brieuc...

PIERRE: Eh, attends, pas si vite! Je ne peux pas faire 400 kilomètres◆ sans m'arrêter!

MANON: Mais bien sûr, et moi, je vais avoir envie de faire pipi... On peut s'arrêter à Laval pour manger quelque chose.

PIERRE: C'est à mi-chemin?

MANON: Oui, à peu près. Voilà les distances:
PARIS — CHARTRES: 100 km
CHARTRES — LE MANS: 120 km
LE MANS — LAVAL: 75 km
LAVAL — RENNES: 67 km
RENNES — SAINT-BRIEUC: 99 km
et après, c'est Perros-Guirec et Trégastel. Tu veux prendre la route directe ou suivre la côte?

PIERRE: C'est beaucoup plus long par la côte?

MANON: Un peu... pas beaucoup, une trentaine de kilomètres.

PIERRE: Alors, prenons la côte, je ne connais pas
30   très bien cette région.

La famille de Gérard, le père de Manon, vient du
sud-est de la France, d'Aix-en-Provence, et c'est
surtout là-bas que Manon va en vacances. De plus,
Arthur, l'oncle de Manon (le frère de Gérard), habite
35   à Nice, et Manon adore y aller l'été car la mer est
toujours chaude.
Quant à Pierre, depuis la mort de sa femme, il fait
surtout des voyages organisés, un peu partout en
Europe, mais ce qu'il préfère, c'est rester chez lui, à
40   Paris, et s'occuper de ses rosiers.

⊟   En plus de la navigation Manon est chargée de la
musique. Ils viennent d'écouter une cassette des
⌀   Beatles.

MANON: Qu'est-ce que je mets maintenant?

45   PIERRE: Pourquoi pas un peu de jazz?

MANON: Papie, regarde. On voit déjà les tours de la
cathédrale de Chartres!◆

PIERRE: C'est bien, il n'y a pas beaucoup de circulation!

50   MANON: Tu sais, dans ma classe, ils vont tous à la
montagne pour faire du ski!

PIERRE: Oui, c'est sur l'autoroute du sud qu'il doit
y avoir du monde.

MANON: C'est drôle, j'oublie presque pourquoi on
55   va en Bretagne. Je me sens vraiment en vacances!   je me sens *I feel*

PIERRE: Mais, ma chérie, tu ES en vacances... Disons qu'on va se promener en Bretagne...

MANON: tout en jouant aux détectives.

PIERRE: Et pourquoi pas? Après Hercule Poirot

60   MANON: et l'Inspecteur Maigret

PIERRE: ou Miss Marple

MANON: et Jessica Fletcher

PIERRE: il y a Manon et son grand-père.

MANON: Non, plutôt *PIERRE ET MANON*...

65   Et petit à petit, bercée par le jazz, le ronron-   bercé *rocked*
nement du moteur et la fatigue d'un départ matinal,   le ronronnement
Manon s'endort... Pierre, lui aussi, oublie les faux   *humming*
billets et Yves, et il poursuit sa route, baissant la
musique pour ne pas gêner sa petite fille chérie.

QUESTIONS

A. Complétez les phrases avec la proposition ou les mots qui
conviennent.

1. Pénélope, c'est
   a) l'amie du grand-père de Manon.
   b) la voiture du grand-père de Manon.
   c) une dame qui habite à Orléans.

2. Ils partent en Bretagne
   a) le 22 février à cinq heures du matin.
   b) le 23 février à dix heures du matin.
   c) le 22 février à huit heures du matin.

3. La distance entre Paris et Saint-Brieuc est de
   a) 461 kilomètres.
   b) 99 kilomètres.
   c) 295 kilomètres.

4. Manon connaît bien la région d'Aix-en-Provence
   a) parce que c'est la région préférée de son oncle.
   b) parce que la famille de son père vient de cette région.
   c) parce qu'il fait beau et chaud.

5. Pierre Roustain fait souvent des voyages organisés
   a) parce qu'il aime voyager en Europe.
   b) parce qu'il préfère ses rosiers.
   c) parce qu'il vit seul.

⊟ 6. Dans la voiture, Manon doit s'occuper
    a) de la musique.
    b) de la navigation.
    c) de la musique et de la navigation.

7. Pendant les vacances d'hiver, les amis de Manon
    a) vont dans le Midi.
    b) vont en Bretagne.
    c) vont à la montagne.

8. "Pierre et Manon", c'est
    a) le titre d'un film.
    b) le nom de deux détectives amateurs.
    c) le titre d'un roman policier.

9. Le grand-père de Manon baisse la musique
    a) parce que Manon dort.
    b) parce qu'il n'aime pas beaucoup le jazz.
    c) parce qu'il est fatigué.

B. NAVIGATION

Sur la carte ci-dessous, tracez le parcours fait par Manon et son
grand-père.

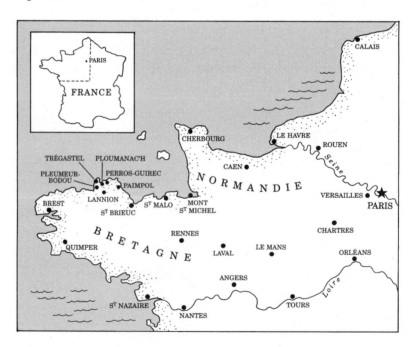

CULTURE

1. PÉNÉLOPE: In Greek mythology, the wife of Ulysses. She saved his kingdom for him during his 20 years' absence after the war of Troy by refusing to choose a successor until a cloth she was weaving would be finished. At night she would undo what she did during the day. This is a play on words in French as the verb *filer* means either *to spin thread* or *to go fast,* meanings that apply either to Penelope or to a car.

À VOUS!

Imagine you are translating this novel into English. You must find a similar play on words that could describe both a car and a famous person, or maybe an animal. Any idea? Failing this, can you think of a good nickname for a car that is steadfast and fast?

2. DISTANCES: In France distances are measured in KILOMÈTRES (km). 1 mile equals 1.6 kilometer (or 1600 meters).

À VOUS!

Transformez les distances entre Paris-Chartres, Chartres-Le Mans, Le Mans-Laval, Laval-Rennes et Rennes-Saint-Brieuc de kilomètres en miles.

3. The CATHÉDRALE DE CHARTRES is a very beautiful gothic cathedral that can be seen from very far away because it is in the middle of very flat land. It was built around 1200. Seeing its towers float in the distance for miles over the wheat fields is an unusual and wonderful sight.

4. <u>LIMITATIONS DE VITESSE</u> (speed limits) in France depend on the type
of road and on the weather.

LIMITATIONS GÉNÉRALES:	CONDITIONS NORMALES	PLUIE ET AUTRES PRÉCIPITATIONS
Autoroutes	130 Km/h	110 Km/h
Autoroutes munies de panneaux (110)	110 Km/h	100 Km/h
Routes à chaussées séparées par terre plein	110 Km/h	100 Km/h
Autres routes (sauf indication contraire)	90 Km/h	80 Km/h
Agglomérations urbaines (sauf indication contraire)	50 Km/h	50 Km/h
Boulevard périphérique à Paris	80 Km/h	80 Km/h

À VOUS!

Can you tell an American in France the speed limit in miles:

a) on a highway when the weather is nice.

b) on a small road when it's cold.

c) crossing a town during a storm.

d) on a highway when it's raining.

e) on a divided highway when it's snowing.

f) on the beltway around Paris.

JEU DE CODE DE LA ROUTE

Vous voulez votre permis de conduire? Pouvez-vous passer le code de
la route?

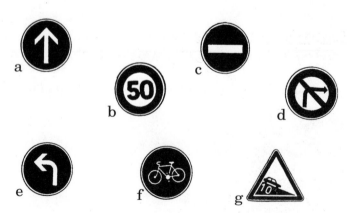

1. Aéroport, attention!

2. Attention aux enfants!

3. Autoroute.

4. Descente dangereuse.

5. Direction obligatoire: tout droit.

6. Emplacement pour pique-nique.

7. Hôpital, silence.

8. Hotel ou motel.

9. Interdiction de tourner à droite.

10. Obligation de tourner à gauche.

11. Parc de stationnement.

12. Piste pour vélos.

13. Plusieurs virages, le premier est à gauche.

14. Poste d'appel d'urgence.

15. Restaurant.

16. Sens interdit à tout véhicule.

17. Terrain de camping.

18. Vitesse limitée à 50 km/h.

Chapitre 19

C'est à Laval que Manon se réveille.

MANON: Déjà Laval! J'ai une de ces faims...

PIERRE: Cela tombe bien, il faut prendre de l'essence et je suis un peu fatigué...

cela tombe bien *perfect timing*
l'essence *f gas*

5 MANON: Pauvre Papie! Il y a presque trois heures que tu conduis pendant que moi, je dors!

PIERRE: Et oui, les grands-pères sont les esclaves de leurs petites filles. C'est bien connu!

Ils s'arrêtent donc à une aire de repos, au bord de
10 l'autoroute, font le plein et vont au restaurant. Pierre prend un café et un croissant, Manon un chocolat chaud et deux petits pains au chocolat.

une aire de repos *rest area*
faire le plein *to fill up the car*

Ils quittent Laval avant midi et vers 13h30 se trouvent à Paimpol, petit port typiquement breton.

15 PIERRE: Je te propose de déjeuner ici, il y a de délicieux fruits de mer.

le fruit de mer *shellfish*

MANON: J'espère qu'il y a autre chose. Tu sais bien que je déteste les huîtres!

une huître *oyster*

PIERRE: Évidemment! Tiens, regarde. On va entrer
20 au CAFÉ DU PORT, il a l'air sympathique.

Manon commande un hamburger avec des frites, son grand-père prend des huîtres.

MANON: Il faut commencer à mettre sur pied notre stratégie. On approche de Trégastel!

mettre sur pied *to organize*

25 PIERRE: Oui, justement, je me demande si c'est une
          bonne idée de rester à Trégastel même.

MANON: Quoi? Mais c'est justement pour voir Yves
          et le suivre qu'on vient ici!

PIERRE: Je sais bien, mais suppose qu'on le ren-
30   contre justement à Trégastel, c'est un peu louche,   louche *suspicious*
          non? Il vaut mieux rester dans un village voisin, à
          2 ou 3 kilomètres par exemple..

Manon consulte la carte qui ne la quitte pas.

MANON: Et bien il y a Pleumeur-Bodou à 2 kilo-
35   mètres.

PIERRE: Non, pas là non plus puisqu'on doit y en-
          quêter.

MANON: Alors, ici, à 3 kilomètres, il y a un petit
          port de pêche, mais je ne sais pas comment ça se   la pêche *fishing*
40   prononce, c'est P-L-O-U-M-A-N-A-C-'H. Tu sais,
          toi?

PIERRE: Oui, ça se prononce comme POTOMAC,
          comme avec un «K» au bout: Ploumanac'h.

MANON: Alors, d'après toi, on reste à Ploumanac'h
45   et on enquête à Trégastel et Pleumeur-Bodou,
          c'est ça?

PIERRE: Oui, qu'est-ce que tu en penses?

MANON: Et pour l'hôtel, tu continues à croire qu'on
          ne va avoir aucun problème pour en trouver un?

50 PIERRE: Au mois de février? Tu penses! Les tou-
          ristes sont tous sur les pistes de ski...

À 15 heures, Manon et son grand-père quittent
Paimpol, continuent à suivre la côte, passent par
Tréguier, traversent Perros-Guirec et, à 16 heures,
55 ils entrent dans le petit village de Ploumanac'h.

MANON: Papie, Papie, regarde, c'est adorable! On
peut chercher un hôtel qui donne sur la mer? Re-
garde tous ces rochers roses!   le rocher *rock*

PIERRE: C'est pour cela qu'on l'appelle la Côte de
60   Granit Rose◆... À cause de tous ces rochers.

⊟   Il y a justement un petit hôtel, l'hôtel de l'Europe,
face à une jolie petite plage encastrée entre les   encastré *set in*
rochers, et, bien sûr, il y a deux chambres libres.
Quand Manon entre dans sa chambre, elle pousse
65   un cri de joie.

MANON: Papie, viens vite voir, j'ai un balcon qui
donne sur la plage. C'est la marée basse. Regarde   la marée basse *low*
comme c'est joli!   *tide*

PIERRE: Tu veux aller te baigner?

70   MANON: Très drôle... Après toi! Tiens, regarde, en
face, cet amas de rochers dans la brume, qu'est-ce   un amas *bunch,*
qu'il y a dessus?   *pile*
                                                                 la brume *fog*

PIERRE: Sans doute d'autres rochers. Oui, la vue
doit être splendide quand il fait beau. Alors,
75   qu'est-ce que tu veux faire maintenant?

MANON: Comment? Mais c'est très simple: on pose
nos sacs et on commence notre enquête, bien sûr!

Le grand-père de Manon est un peu fatigué mais
il ne veut pas décevoir sa petite fille. Ils décident de
80   passer d'abord à l'Office du Tourisme qui se trouve
près de l'hôtel. Comme de parfaits touristes — qu'ils
sont presque — ils ramassent des cartes, des
brochures, des dépliants, enfin tout ce qui leur sem-   le dépliant
ble pouvoir être utile.   *pamphlet*
85   Sur un banc, le long du port, ils admirent leurs   un banc *bench*
trésors.

PIERRE: Il y a une balade très sympa à faire: le   une balade *a walk*
Sentier des Douaniers◆ , c'est un chemin de ran-   un chemin de ran-
                                                                 donnée *hiking*
                                                                 trail

donnée de 10 kilomètres de long au bord de la mer,
90 nous sommes juste au milieu.

MANON: Moi, j'ai un dépliant sur Pleumeur-Bodou,
il y a quatre choses à visiter: le musée des télécommunications, le planétarium, le Village Gau-
lois◆ et l'ABRET.

95 PIERRE: Qu'est-ce que c'est que ça?

MANON: Je ne sais pas trop, un centre avec des ex-
positions, mais, attends, tout ferme à 17 heures, il
est trop tard pour aujourd'hui.

PIERRE: De toutes façons je n'ai pas très envie de
100 reprendre la voiture. Oublions notre enquête et allons marcher sur ce fameux Sentier des Douaniers. D'accord?

MANON: Oui, d'accord, mais tu sais, Papie, tout ce
que nous faisons, tout ce que nous voyons, ce sont
105 peut-être des éléments de l'enquête et, qui sait,
des indices...   un indice *clue*

Mais, ce soir-là, ce qu'ils voient, ce sont seulement
les magnifiques rochers de granit rose aux formes si
étonnantes: le chapeau de Napoléon, un dé, une   un dé *dice*
110 bouteille, une tortue, une sorcière, la palette d'un   une sorcière *witch*
peintre.... La brume les empêche de bien voir le
panorama et les îles qu'ils devinent au loin.

QUESTIONS

A. VRAI OU FAUX? Dites si la phrase suivante est vraie ou fausse.
Si elle est fausse, donnez la bonne réponse.

1. Manon dort jusqu'à Laval.

2. Ils s'arrêtent pour dormir

3. Manon n'aime pas le chocolat.

4. Ils arrivent à Paimpol à trois heures de l'après-midi.

5. Pierre Roustain adore les huîtres.

6. Le grand-père de Manon veut chercher un hôtel à Trégastel.

7. Pierre pense qu'il y a de la place dans les hôtels.

⊟   8. A l'hôtel de l'Europe ils prennent une chambre.

9. Ils vont d'abord à l'Office du Tourisme pour trouver un hôtel.

10. Le Sentier des Douaniers est une promenade de 10 kilomètres.

11. Ils vont vite visiter Pleumeur-Bodou.

12. Ce soir-là, sur la plage, ils voient un chapeau.

B. Complétez les phrases avec un élément de la colonne de droite. Attention, il y a plus d'éléments à droite qu'il n'en faut.

a) Ils s'arrêtent...	1. à cause de la brume.
	2. à cause des rochers.
b) Ils font le plein d'essence...	3. car elle a un balcon.
c) Ils discutent de leur stratégie...	4. car ils approchent de Trégastel.
	5. des rochers roses.
d) Ils ne vont pas rester à Trégastel mais...	6. dans un village voisin.
	7. donne sur la mer.
e) Ils vont trouver une chambre facilement...	8. des brochures et des cartes.
	9. car il y a peu de touristes.
⊟ f) Ils trouvent un hôtel qui...	10. Manon regarde.
	11. pour dormir.
g) On l'appelle la Côte de Granit Rose...	12. pour les touristes.
	13. pour se reposer.
h) Manon aime sa chambre...	14. pour la voiture.
i) Ce premier soir, ils vont marcher...	15. sur le Sentier des Douaniers.
j) Ils ne voient pas bien le panorama...	

C. CARTES POSTALES. Manon envoie une carte postale à son amie
Marielle. Écrivez le texte et n'oubliez pas l'adresse. Son nom
de famille est: Lagrange. Son adresse est: 25 rue de la
Roquette, dans le 11ème.

CULTURE

1. LA BRETAGNE is the most northwest province of France. The north-
ern part, in the département of the Côtes-du-Nord, has a rocky coast
of pink granite. The picturesque shapes of the pink rocks have caused
it to be dubbed LA CÔTE DE GRANIT ROSE.

> **À VOUS!**
>
> Go back to the map in Chapter 18. Find Brittany and trace the road
> followed by Pierre and Manon: Saint-Brieuc, Paimpol, Perros-
> Guirec, Ploumanac'h, Trégastel, Pleumeur-Bodou.

2. LE SENTIER DES DOUANIERS is a long narrow trail along the coast.
Custom officers used to walk up and down along the path in order to
catch smugglers who tried to bring tobacco and alcohol from Great
Britain. The most extraordinary piles of rose-colored boulders are
jumbled along the path. Their bizarre shapes sculpted by thousands
of years of wind and tides look like various fantastic things.

> **À VOUS!**
>
> Est-ce que vous aimez faire des randonnées à pied en hiver? Où
> aimez-vous marcher?

3. <u>LE VILLAGE GAULOIS:</u> The Gauls, LES GAULOIS, are the ancestors of the French people. Celtic in origin, they were invaded by Caesar and the Roman armies around 55 BC and then by the Franks (hence the name France) in 511 AD. The French have a special fondness for their early ancestors and created a couple of leisure parks (PARC D'ATTRACTIONS) on a Gaulois theme long before they built EURO DISNEY.

There is a series of very popular cartoon books (BANDE DESSINÉE or BD) devoted to the adventures of a spirited Gaul named Astérix who lives in a small village in Brittany and constantly fights against the Roman invaders.

À VOUS!

See if you can find an Astérix book in the library or information about Astérix on Internet.

JEU: À L'HÔTEL

Faire un dialogue entre les élèves. Un(e) élève joue le rôle d'un(e) touriste qui cherche une chambre dans un hôtel. Dites ce que vous voulez: situation sur la plage, sur les rochers, dans le village; vue sur la mer ou à côté; demandez le prix, si les repas sont compris, etc. Un(e) autre élève est l'hôtelier (-ière).

Chapitre 20

Ce n'est qu'à 10 heures que Manon se réveille le lendemain matin. Son grand-père dort encore dans la chambre contiguë à la sienne. Elle se précipite pour ouvrir les rideaux de la porte-fenêtre qui donne
5 sur le balcon et pousse un cri strident.

contigu(ë) *adjoining*
le rideau *curtain*
strident *high-pitched, sharp*

MANON: Papie, Papie, viens voir!

Hirsute, le grand-père de Manon, en pyjama, fait irruption dans la chambre.

hirsute *disheveled*

PIERRE: Quoi? Qu'est-ce que c'est? Qu'est-ce qu'il y
10   a? Tu es blessée?

blessé *wounded*

MANON: Viens ici, regarde, c'est trop terrible!

Pierre a souvent du mal à s'habituer au langage de sa petite fille, pourtant il sait que «terrible», «classe», «super» ou «mortel» veulent tout simple-
15 ment dire «magnifique»!

En effet, en face de la chambre, au-dessus de l'a- mas de rochers, sous un ciel bleu parfaitement dé- gagé, se dresse... un château — un véritable château de contes de fées!

le château *castle*
un conte de fées
    fairy tale

20 PIERRE: Mais il est superbe, ce château!

MANON: Regarde les deux tours, la porte fortifiée. C'est le château de la Belle au Bois Dormant!

PIERRE: Mais il est sur la carte?

Manon va chercher sa carte, l'étale sur le lit et, ef-
25 fectivement, sur une petite île, est indiqué LE CHÂ-
TEAU qui semble faire partie de la commune de Trégastel.

MANON: Il est vraiment trop génial, je dois prendre
une photo.

30 Manon aussitôt prend plusieurs photos du château, et de son grand-père sur le balcon avec le
château derrière lui.
Ce n'est donc que vers 11 heures qu'ils partent en
direction de Pleumeur-Bodou, première étape de   la première étape
35 leur enquête.   *first stop*

L'ensemble s'appelle COSMOPOLIS◆. Manon,
qui, comme son père, Gérard, déteste tout ce qui est
trop touristique, élimine d'office le Village Gaulois.
Le Planétarium n'ouvre qu'en Avril, il reste donc le
40 musée et l'ABRET. Le musée est intéressant et c'est
sans vraiment s'en rendre compte que Manon et son
grand-père y passent deux heures. En sortant ils se
dirigent vers l'ABRET: un vaste bâtiment qui est
complètement fermé.
45 Manon prend des photos, beaucoup de photos, espérant voir quelque chose d'inhabituel — elle pense
faire très «journaliste»...

PIERRE: Arrête, ne va pas par là, c'est marqué
INTERDIT AU PUBLIC.

50 MANON: Oh, Papie, tu exagères, on ne fait rien de
mal. Personne ne va nous manger. Regarde, ici, à
gauche, il y a un trou dans le grillage qui entoure   le trou *hole*
ce grand bâtiment. Viens.   le grillage *wire*
                                                             fence

PIERRE: Tu es complètement folle!

55 MANON: Mais non, suis-moi.

⊟ Pierre ne veut pas laisser Manon seule et il
pénètre, après elle, par un endroit où le grillage est
ouvert. Il n'y a aucun signe de vie. Soudain, venant

d'on ne sait où, trois énormes chiens se lancent à la
60 poursuite de Manon qui, faisant demi-tour, se met à
repasser par le trou du grillage.

faire demi-tour to turn around

MANON: Tu as raison, Papie, sortons d'ici!

Le grand-père de Manon, lui aussi, fait demi-tour
mais il ne peut pas éviter un des chiens qui arrache
65 un morceau de son pantalon.

éviter to avoid
arracher to tear away

MANON: Sale bête, va-t-en! Papie, tu as mal?

PIERRE: Non, c'est seulement le pantalon, pas la
jambe!

À ce moment un gardien, armé d'un énorme bâton,
70 arrive en courant, derrière les chiens.

le bâton stick

LE GARDIEN: Allez-vous-en! Sortez d'ici! C'est interdit au public!

Manon et son grand-père ne se retournent même
pas, ils continuent à courir de toutes leurs forces
75 jusqu'à ce qu'ils arrivent au parking du musée, trouvent Pénélope, y montent précipitamment et démarrent à toute vitesse.

démarrer à toute vitesse to shoot off, start fast

MANON: Ah la la! quelle peur!

PIERRE: Mon pantalon! Heureusement que j'en ai
80 un autre à l'hôtel...

MANON: En tout cas, il est certain qu'il y a quelque
chose de *top secret* derrière ce bâtiment! Quel
dommage...

PIERRE: Attends, j'ai une idée.

85 Pierre tourne à gauche et s'engage sur une toute
petite route de campagne qui semble monter vers un
hameau, en haut d'une colline. Et, soudain, après un
virage, ils se trouvent devant un spectacle extraor-
dinairement insolite: 30, peut-être 40 paraboles, de
90 toutes tailles, toutes orientées dans la même direc-

le hameau hamlet
la colline hill
le virage curve
insolite bizarre
la parabole tracking dish

tion, et, à droite, la géode du planétarium; le tout en-
touré de fils de fer barbelés.

le fil de fer barbelé
barbed wire

PIERRE: Quel spectacle extraordinaire!

MANON: J'en ai la chair de poule... J'ai l'impression
95   d'être sur une autre planète!

la chair de poule
goose bumps

QUESTIONS

A. Choisissez les réponses qui conviennent aux questions
suivantes.

1. Pourquoi est-ce que Manon pousse un cri en ouvrant ses rideaux?
   a) Elle est blessée.
   b) Elle voit quelque chose d'horrible.
   c) Elle voit quelque chose de magnifique.

2. Où est le château?
   a) Il est sur des rochers.
   b) Il est dans un conte.
   c) Il est sur deux tours.

3. Pourquoi partent-ils si tard à Pleumeur-Bodou?
   a) Le grand-père de Manon dort encore.
   b) Manon prend des photos du château.
   c) Manon reste sur son lit.

4. Pourquoi Manon et son grand-père restent-ils deux heures au
   musée de COSMOPOLIS?
   a) Parce que le Planétarium est fermé.
   b) Parce qu'ils cherchent quelque chose d'inhabituel.
   c) Parce qu'il est très intéressant.

5. Pourquoi est-ce que Pierre va avec Manon là où il est marqué
   «INTERDIT AU PUBLIC»?
   a) Pour ne pas la laisser seule.
   b) Par curiosité.
   c) Parce qu'il y a un trou dans le grillage.

6. Pourquoi partent-ils en courant?
   a) Pierre perd son pantalon.
   b) Ils voient trois gentils chiens.
   c) Ils sont poursuivis par trois chiens et un gardien.

7. Que leur crie le gardien?
   a) Il leur crie de venir.
   b) Il leur crie de partir.
   c) Il leur crie de rester.

8. Qu'est-ce qui donne à Manon l'impression d'être sur une autre planète?
   a) Les antennes paraboliques et la géode.
   b) Des poules.
   c) Un tout petit village.

B. Mettez dans l'ordre les titres qui résument ce chapitre.

a. Le danger   d. Un étrange spectacle

b. La merveilleuse surprise.   e. L'enquête commence

c. Le réveil

C. Conte de fée: la belle au bois dormant

Complétez ce conte avec les mots de la liste ci-dessous.

baiser	endormie	main	reine	sorcière
château	enfants	prince	roi	sourit
dort	entre	princesse		

Dans un merveilleux __1__ habitent un __2__ , une __3__ et une très jolie __4__ . Malheureusement, une méchante __5__ jette un sort à la princesse et, à 16 ans, elle se pique à la __6__ .

Aussitôt la princesse s'endort, et avec elle tout le château s'endort aussi, le roi, la reine, et tout le monde __7__ pendant 100 ans.

Un jour un __8__ charmant passe près du château. Il ouvre la porte et il __9__ . Quand il voit la jolie princesse __10__ , il tombe amoureux d'elle.

Il s'approche et il lui donne un __11__ . Alors la princesse ouvre les yeux, regarde le prince, __12__ et dit "Mon Prince, je vous aime".

Le Prince et la Princesse se marient et ils vont avoir beaucoup d' __13__ .

CULTURE

<u>COSMOPOLIS</u> in Pleumeur-Bodou in Brittany is visible for miles because of its enormous white sphere, LE RADÔME. It is connected to a satellite-tracking station and the high-tech museum deals with tele-communications, from the early undersea cables and the robot SCARAB that now helps repair them on the ocean bed to fiber optics and the first TV broadcast live by satellite between France and the US in 1962.

À VOUS!

Regardez ces renseignements sur COSMOPOLIS et répondez aux questions.

1) Quelles sont les 4 parties de Cosmopolis?
2) Combien coûte l'entrée du musée?
3) Est-ce que c'est moins cher pour les enfants? C'est combien?
4) En quels mois est-ce que COSMOPOLIS est ouvert toute la journée?
5) À quelle heure est-ce que COSMOPOLIS ouvre en Juin?
6) À quelle heure est le spectacle "son et lumière"?

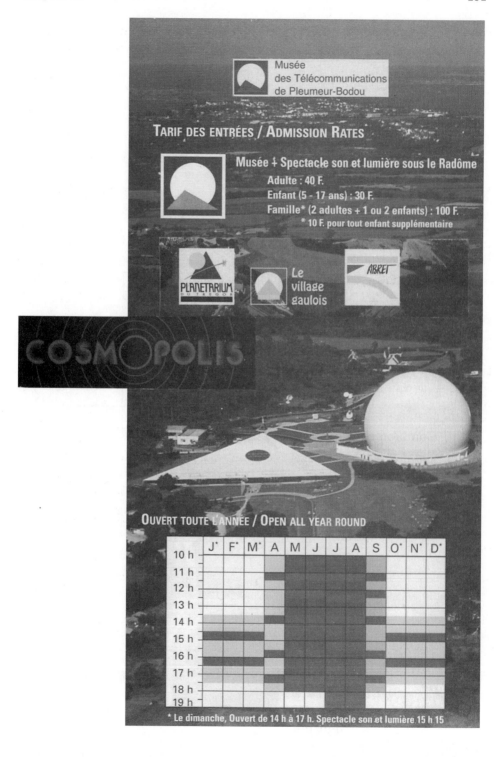

Musée
des Télécommunications
de Pleumeur-Bodou

TARIF DES ENTRÉES / ADMISSION RATES

Musée + Spectacle son et lumière sous le Radôme

Adulte : 40 F.
Enfant (5 - 17 ans) : 30 F.
Famille* (2 adultes + 1 ou 2 enfants) : 100 F.
* 10 F. pour tout enfant supplémentaire

PLANETARIUM
DU TRÉGOR

Le village gaulois

ABRET

COSMOPOLIS

OUVERT TOUTE L'ANNÉE / OPEN ALL YEAR ROUND

	J*	F*	M*	A	M	J	J	A	S	O*	N*	D*
10 h												
11 h												
12 h												
13 h												
14 h												
15 h												
16 h												
17 h												
18 h												
19 h												

* Le dimanche, Ouvert de 14 h à 17 h. Spectacle son et lumière 15 h 15

MOTS CROISÉS: DEUX DÉTECTIVES EN DANGER...

HORIZONTALEMENT

1. Quand les chiens arrivent, Manon et son grand-père ont _____.

2. Ils passent par un _____ dans le grillage.

3. L'ABRET est un grand _____.

4. C'est marqué: " _____ au public".

5. Manon prend beaucoup de _____.

6. Un des chiens arrache un _____ du pantalon de Pierre.

7. Les trois énormes _____ arrivent soudain.

8. Heureusement le chien n'arrache pas la _____ de Pierre!

9. Pierre et Manon font demi-tour et _____ très vite.

VERTICALEMENT

10. Ils passent par un trou dans le _____.

11. C'est marqué: "Interdit au _____ ".

12. Ils montent dans leur voiture et démarrent à toute _____.

13. Les chiens sont _____.

14. Le gardien court après eux avec un gros _____.

15. Ils ont peur des chiens et du _____.

Chapitre 21

⁵ Dans la voiture, revenant vers Trégastel, deuxième étape de leur enquête, Manon et son grandpère discutent ferme.

MANON: Je te dis que tout ce secret, ce n'est pas normal.

¹⁰ PIERRE: Tu exagères! Voyons, un centre de recherches en télécommunications, ce n'est pas rien, c'est important! On ne peut pas laisser entrer n'importe qui...

MANON: Peut-être, mais, derrière les antennes ¹⁵ paraboliques, ces bâtiments entourés de fil de fer barbelés, c'est un endroit idéal pour fabriquer des faux billets.

PIERRE: Tu sais, une machine à faire de la fausse monnaie ou des faux billets, ce n'est pas si grand ²⁰ que cela! Mais il est certain que ce site est bien caché, bien protégé des touristes... et des curieux!

MANON: Bien sûr! Et ce gardien si peu aimable!

PIERRE: Oui... Peut-être... Toute cette idée est si ²⁵ farfelue!

MANON: C'est vrai, mais tu dis toi-même que l'économie, la politique, ce sont des problèmes complexes, surtout maintenant avec l'Europe.

PIERRE: Oui, bien sûr... On arrive à Trégastel. ³⁰ Qu'est-ce que tu veux faire? Tu as faim?

MANON: Une faim de loup! On mange des crêpes◆ ?

ferme (here) earnestly

farfelu weird

PIERRE: Bien sûr, c'est la grande spécialité de la région.

MANON: Et je peux boire du cidre?

35 PIERRE: Absolument! Ta maman n'est pas là. Il faut en profiter...

Manon et son grand-père entrent dans une crêperie. Il fait trop froid pour manger en terrasse. La salle est presque vide, sauf pour deux pêcheurs qui discutent au bar. Pierre va vite s'asseoir pour cacher son pantalon déchiré...

le pêcheur
fisherman
déchiré *torn*

PIERRE: Qu'est-ce que tu veux comme crêpe?

MANON: Une complète, d'abord, et ensuite une crêpe dessert avec de la glace au chocolat.

une crêpe complète
*with ham, egg
and cheese*

45 PIERRE: Moi aussi je vais prendre une complète. Je vais voir après si j'ai encore faim!

Les crêpes sont délicieuses et le cidre bien frais. Pierre fait soudain signe à Manon qu'il va entamer la conversation avec les pêcheurs.

entamer *to start*

50 PIERRE (aux deux hommes):   Belle journée, aujourd'hui!

HOMME N°1:   Ah, ça oui, un peu froid quand même.

PIERRE: Oui, sur le bateau, il ne doit pas faire chaud.

55 HOMME N°2:   Oh, vous savez, on a l'habitude, on se couvre bien.

HOMME N°1:   Vous êtes du coin?

PIERRE: Non, nous venons de Paris.

MANON: Ce sont les vacances d'hiver, nous
60 ADORONS la Bretagne!

HOMME N°2:   En général les gens préfèrent la neige, le ski, les Alpes...

PIERRE: Pas nous! Nous sommes à Ploumanac'h, en face du château.

65 MANON: Il est magnifique, ce château, comme dans un conte de fées!

HOMME N°1:   Oui, il est célèbre dans toute la région... C'est le Château du Général.

70 PIERRE: Ah bon, un général y habite?

HOMME N°2:   Non, il appartient à une très vieille famille du coin, des gens très bizarres.

PIERRE: Alors, pourquoi «le Château du Général»?

HOMME N°1:   C'est à cause du père.

75 HOMME N°2:   Il collectionne des tas de trucs de la Seconde Guerre mondiale◆ , à ce qu'il paraît.

MANON: On peut le visiter?

HOMME N°2:   Pensez-vous! Personne ne peut y pénétrer... Depuis deux générations, au moins!

80 HOMME N°1:   Ils sont tous à moitié cinglés, là-dedans...   cinglé *nuts*

MANON: Mais alors, c'est VRAIMENT le château de la Belle au Bois Dormant!

PIERRE: Et cette famille, comment s'appelle-t-elle?

85 HOMME N°2:   Les Leguéflec.

PIERRE: Leguéflec? Vous voulez dire... Leguéflec?

HOMME N°1:   Oui, pourquoi, vous les connaissez?

PIERRE: Euh... Non... C'est que c'est un nom... typiquement breton...

90   Manon ne comprend pas la nervosité soudaine de son grand-père, ni pourquoi il lui fait signe de finir au plus vite sa crêpe au chocolat.

QUESTIONS

A. Répondez aux questions avec une phrase complète.

1. De quoi parlent Manon et son grand-père dans la voiture?

2. Pourquoi COSMOPOLIS semble-t-il être un endroit idéal pour fabriquer des faux billets?

3. Que vont-ils manger?

4. Pourquoi est-ce que Manon et son grand-père ne mangent pas à la terrasse de la crêperie?

5. Manon va manger combien de crêpes?

6. Pourquoi Pierre commence-t-il à parler avec les deux pêcheurs?

7. Qui habite dans le château que Manon voit de son balcon?

8. Comment s'appelle cette famille?

9. Pourquoi est-ce que Manon ne comprend pas la nervosité soudaine de son grand-père?

B. Complétez la colonne de gauche avec l'élément correspondant de la colonne de droite en vous référant au texte.

a) une faim	1. à fabriquer les faux billets
b) la spécialité	2. au jambon.
c) un centre	3. du château
d) une machine	4. du Général.
e) une crêpe	5. d'hiver.
f) les vacances	6. de loup.
g) en face	7. de recherches
h) le Château	8. de son grand-père.
i) des trucs	9. de la Seconde Guerre mondiale.
j) la nervosité	10. de la région.

C. Les crêpes: Voici les ingrédients nécessaires à la pâte
à crêpes.

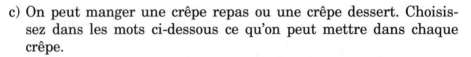

a) Trouvez le nom qui correspond au dessin.

Réponses: beurre, farine, lait, œufs, sel

b) Complétez la liste des ingrédients.
Il faut:
2 tasses de —
4 —
1/2 litre de —
une pincée de —
50 grammes de —

c) On peut manger une crêpe repas ou une crêpe dessert. Choisissez dans les mots ci-dessous ce qu'on peut mettre dans chaque
crêpe.

de la confiture	du chocolat fondu	du sucre
de la glace	du fromage	des œufs
des champignons	des épinards	

On peut manger une crêpe repas avec, par exemple...
ou une crêpe dessert avec, par exemple...

Culture

1. <u>Les crêpes</u> Crêpes are a traditional food of Brittany. They are sometimes made with buckwheat flour. People usually drink hard cider
with them. Crêpes are like pancakes, a little thinner, and easy to
make. Here is the recipe. Use the ingredients from exercise C.

- In a mixer put the eggs with the flour and the milk. Add a pinch of
salt and the melted butter. Blend quickly. The dough is ready.
- Put half a teaspoon of oil in a skillet and heat on the stove. When
the pan is very hot, put a large spoonful of dough inside. Spread it
in the pan, using the handle to move the pan gently. Two minutes
later, flip the crêpe over on the other side. You may want to use a
fork instead of flipping it.

- If you want a main dish crêpe, add cheese, ham, mushrooms, a fried or scrambled egg, and any vegetable you want. Fold and eat.
- If you want a dessert crêpe, just add sugar or ice cream or jam, fold and eat while it's hot.

À VOUS!

Make the crêpes and enjoy! Bon appétit!

2. LA SECONDE GUERRE MONDIALE: The Second World War started in 1939 and ended in 1945.

À VOUS!

Cherchez le plus d'informations possible sur la Seconde Guerre mondiale.

COMPRÉHENSION AUDITIVE

Choisissez la bonne réponse.

1. La jeune fille va manger
   a) une crêpe au jambon.
   b) une complète.
   c) une crêpe aux champignons.

2. Elle va boire
   a) du jus d'orange.
   b) de l'eau.
   c) du cidre.

3. Elle va payer
   a) quatre-vingt-trois francs.
   b) quarante-trois francs.
   c) cent vingt-trois francs.

Chapitre 22

Ce n'est que loin de la crêperie que Pierre explique à sa petite fille que Leguéflec, c'est le nom de famille de l'employé de la poste.

MANON: Tu veux dire, Yves? Notre Yves? Il habite
5 dans ce magnifique château?

PIERRE: Peut-être pas lui, mais c'est sûrement la même famille, il vient de Trégastel.

MANON: C'est peut-être un cousin très éloigné.   *éloigné far removed*

PIERRE: Il faut nous renseigner avant son arrivée.   *se renseigner to find out*

10 MANON: Il arrive après-demain, il nous reste un jour et demi.

PIERRE: Cela suffit: on va parler des Leguéflec un peu partout.

MANON: Allons à la poste demain matin. Sur le
15 Minitel◆ on peut voir s'il y a plusieurs familles avec ce nom-là à Trégastel.

PIERRE: Excellente idée! Tu sais que nous formons un excellent couple de détectives, toi et moi...

MANON: Mais certainement, mon cher Watson.

20 PIERRE: Ah non, je refuse d'être Watson...

Manon et son grand-père sont d'excellente humeur quand ils arrivent au village de Trégastel. Ils se trouvent brusquement devant un autre office de tourisme et décident d'y entrer.

25 PIERRE: Bonjour Madame, nous voulons quelques renseignements sur ce qu'on peut visiter dans la région.

LA DAME: Mais bien sûr, tenez, prenez cette bro-
30 chure. Vous avez le Sentier des Douaniers, si vous aimez la marche, l'Aquarium de Trégastel, Cosmopolis, à Pleumeur-Bodou et...

MANON: On peut visiter le château?

LA DAME: Quel château?

PIERRE: Nous logeons à l'hôtel de l'Europe, à Plou-
35 manac'h. Devant notre chambre il y a ce grand château, sur un rocher.

LA DAME: Ah non, il est privé, on ne peut pas le visiter.

PIERRE: Tiens, il est privé. Il est donc habité?

40 LA DAME: Oui, oui, il est habité.

MANON (riant):   Par la Belle au Bois Dormant, je suppose!

LA DAME: Hélas non, seulement par une famille de la région.

45 PIERRE: Mais, s'il est sur une île, comment peut-on y accéder?

LA DAME: Et bien, en bateau, mon cher monsieur, comme sur toutes les îles!

Manon et son grand-père sortent donc bredouilles.   bredouille *empty-handed*

50 PIERRE: On ne va rien apprendre comme ça. Il faut faire parler les gens sans qu'ils s'en rendent compte.

MANON: J'ai une idée: on va dans toutes les crê-
peries, tu parles aux vieux pêcheurs et moi, je
55 mange des tas de crêpes.   un tas de *lots of*

PIERRE: Tu as une indigestion, tu tombes malade et moi, je suis bien embêté...   embêté *in trouble*

MANON: Papie, regarde, là-bas, les deux hommes
   qui discutent près de leur bateau, allons-y.

60   C'est ainsi que ce dimanche soir se termine avec
   les renseignements suivants, habilement soutirés à   soutiré *drawn out*
   deux innocents pêcheurs: *from*

   1. Il n'y a qu'une famille Leguéflec.

   2. Ils ont la réputation d'être très originaux,   fou *crazy*
65   même fous.

   3. Le château est presque en ruine car la famille
      n'a plus d'argent depuis au moins trois généra-
      tions.

   4. Personne n'y entre jamais.

70   5. Une fois par semaine un livreur du super-   un livreur *delivery*
      marché COMOD◆ va livrer des provisions en   *man*
      bateau sans jamais pénétrer dans le château.

   6. Il y a deux enfants, une fille qui habite au
      Canada et un fils.

75   7. Le fils travaille à Paris et... s'appelle Yves.

QUESTIONS

A. VRAI ou FAUX? Dites si les phrases suivantes sont vraies. Si
elles sont fausses, donnez les bonnes réponses.

   1. Manon ne connaît pas Yves Leguéflec.

   2. Ils vont aller à la poste pour rencontrer les autres familles Le-
      guéflec.

   3. Quand ils arrivent au village ils sont de très bonne humeur.

   4. Le château des Leguéflec se trouve sur une île.

   5. On peut visiter le château des Leguéflec en été.

   6. Pierre va parler à deux hommes qui font des crêpes.

   7. A la fin de ce dimanche ils ont des renseignements intéressants.

8. Ils apprennent que la famille Leguéflec est très riche.

9. Ils apprennent qu'Yves a deux sœurs.

10. On leur dit aussi que c'est une famille bizarre.

B. LETTRE AUX LECTEURS.

Dans cette lettre les verbes manquent! Trouvez-les dans la liste ci-dessous et mettez-les à la bonne place.

a	doit	habite	s'appellent	sont
avance	empêchent	peut	savent	trouvez

Chère lectrice, cher lecteur,

Un petit mot, juste entre nous, pendant que nos héros dorment! Depuis que Manon et son grand-père __1__ en Bretagne, on __2__ bien dire que leur enquête __3__ . Ils savent maintenant qu'à COSMOPOLIS il y a un gardien et des chiens qui __4__ les visiteurs d'entrer à l'ABRET, que le spectacle caché derrière le bâtiment est extraordinaire! Au sujet d'Yves, ils __5__ que sa famille __6__ le fameux château que Manon __7__ voir de son balcon. Et puis, autre détail important, la famille d'Yves n' __8__ pas d'argent.

Pierre et Manon ne __9__ peut-être pas Sherlock Holmes et le Docteur Watson, mais quand même, on peut leur faire des compliments, vous ne __10__ pas?

CULTURE

1. LE MINITEL is a small home computer which can be consulted to get all sorts of information: phone numbers, train and plane schedules, weather reports, exam results, etc. The post office supplies it free of charge; you pay for your actual use of it. It is slowly being replaced by home computers.

À VOUS!

Practice saying your address and phone number in French.

2. <u>AU TÉLÉPHONE EN FRANCE</u>

Les numéros de téléphone, en France,
ont 10 chiffres.

Exemples: à Paris 01-46-82-16-55
à Saint-Brieuc 02-96-41-69-44

Regardez la carte ci-contre ; elle montre
les deux premiers chiffres des numéros
de téléphone utilisés dans toute la
France.

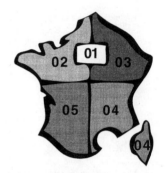

Pour téléphoner des États-Unis à quelqu'un en France en automa-
tique, vous ne composez pas le premier 0, mais vous devez composer
un code d'accès international (011), puis le code pour la France (33).
Le numéro de téléphone de Manon est 01.46.54.78.33, donc pour l'appeler il faut composer: 011.331.46.54.78.33.

À VOUS!

Téléphonez à Pierre Roustain à Paris (01.44.91.76.15)

3. <u>NUMÉROS UTILES:</u> Regardez ces numéros utiles. Imaginez des dialogues avec les services d'urgence qui peuvent vous aider.

ASSISTANCE JOUR ET NUIT		**P A R I S**	
NUMÉROS UTILES			
SAMU	15	URGENCES ÉLECTRICITÉ	01 40 30 97 97
POLICE	17	URGENCES PLOMBERIE	01 40 30 97 97
POMPIERS	18	CARTE BLEUE VOLÉE	01 42 77 11 90
COMMISSARIAT	01 40 79 05 05	SOS DENTISTE	01 43 37 51 00
URGENCES CHAUFFAGE	01 40 30 97 97	URGENCES MÉDICALES	01 48 28 40 04

Vous voyez un accident de la route: appelez la police!
Vous voyez une personne blessée: appelez le SAMU (service d'aide
médicale d'urgence)

Il y a le feu chez votre voisin: appelez les pompiers.
Vous avez mal aux dents: appelez SOS Dentiste.

4. <u>COMOD</u> is a chain of small supermarkets. In France you can find all kind of shops: small shops like our **boulangerie**; small supermarkets, sometimes called **une supérette**; supermarkets, **le supermarché**; hypermarkets, **l'hypermarché** (huge supermarkets where you can also buy clothes, televisions etc.)

| À VOUS! |

Name all the shops in a specific street of your neighborhood. In French, of course!

JEU INTERACTIF: SUR UNE ÎLE DÉSERTE.

Quels sont les trois objets que vous emportez sur une île déserte? Travaillez seuls ou en groupes. Cherchez le nom des objets dans le dictionnaire si c'est nécessaire. Attention, vous devez justifier vos choix!

Chapitre 23

Le lundi est le dernier jour avant l'arrivée d'Yves. Pierre et Manon arpentent le Sentier des Douaniers de part et d'autre du Château. Il fait un temps splendide et ils font même une petite sieste au soleil, 5 abrités du vent par les rochers roses. Depuis la veille, ils ne cessent de discuter, organisant, désorganisant, réorganisant toutes les données.

MANON: Si, si, c'est très logique, le Gouvernement (ou quelqu'un du Gouvernement) fabrique les faux 10 billets à Cosmopolis; ils cherchent des espions pour les écouler. Ils savent que les Leguéflec ont besoin d'argent, ils prennent contact avec Yves: c'est le pigeon idéal.

PIERRE: Et ses parents le savent?

15 MANON: Peut-être que oui, peut-être que non...

PIERRE: Et comment est-ce que cela se passe dans les autres bureaux de poste de Paris?

MANON: Yves organise un réseau avec des copains fauchés, d'abord... et puis d'autres personnes. 20 Mais, Papie, à propos, pourquoi Paris? Pourquoi ne pas écouler les faux billets ici?

PIERRE: C'est très facile à comprendre. Il circule dix mille fois plus de billets à Paris qu'ici. Pense, à Paris, il y a dix millions d'habitants. Ici, même 25 avec Perros-Guirec, Trégastel et Ploumanac'h , il y en a cinq mille à tout casser!

MANON: Oui, c'est logique. Donc, Yves va à Paris et le Gouvernement lui trouve un travail à la poste.

Glossaire (marge):

arpenter *to walk up and down*

de part et d'autre *on both sides*

abrité *sheltered*

une donnée *data*

un espion *spy*

le pigeon *dupe*

fauché *broke*

à tout casser *at most (fam.)*

PIERRE: Oui, comme tu dis, une personne dans le
30   Gouvernement... Ce n'est pas impossible comme
scénario...

MANON: Alors, comment on fait, demain?

PIERRE: Je sais qu'il arrive en TGV◆. Or le train
s'arrête à Lannion. Pour venir ici, il lui faut une
35   voiture.

MANON: Ses parents peuvent venir le chercher.

PIERRE: De toutes façons, pour aller sur l'île, il doit
prendre un bateau et on sait qu'il part du port de
Trégastel.

40 MANON: Donc, on le guette et on fait semblant   guetter *to watch for*
d'être surpris. Mais on risque d'attendre long-
temps... Et s'il va d'abord à Pleumeur-Bodou voir
son chef?

PIERRE: Écoute, arrêtons de faire des suppositions.
45   Allons dîner, demain va vite venir. Il nous faut
faire une bonne nuit.

Mais Manon et son grand-père dorment mal, se
tournent et se retournent dans leurs lits, font d'hor-
ribles cauchemars et, chose extraordinaire, se réveil-   le cauchemar
50 lent à 7 heures du matin, prêts à travailler.   *nightmare*

Dès 10 heures, nous les retrouvons à leur poste de
surveillance: un banc judicieusement choisi pour sa
proximité de l'embarcadère. Pierre lit *Le Monde,* son
journal quotidien. Quant à Manon, elle est plongée   plongé *deep into*
55 (et cela depuis le début des vacances) dans la lecture
de *Robinson Crusoé.*

⊟   Une vieille voiture arrive soudain. Yves en sort et
s'approche de Pierre, qui, levant les yeux de son
journal, le regarde avec un réel étonnement.

60 YVES: Monsieur Roustain, quelle surprise!

Plongée dans son livre, Manon est aussi étonnée que son grand-père.

PIERRE: Yves! Qu'est-ce que vous faites ici?

YVES: Mais... je vais chez moi. Et vous?

65   Pierre et Manon reprennent peu à peu leurs esprits.

PIERRE: Nous? On est en vacances à Ploumanac'h.

YVES: Mais c'est extraordinaire! C'est juste à côté.

MANON: Bonjour Monsieur, alors vous habitez par
70   ici? C'est super joli!

YVES: Mes parents habitent sur une île.

PIERRE: Ah bon, sur une île!

MANON: Oh, on peut aller voir? J'adore les îles! C'est loin?

75   Yves montre une certaine hésitation...

YVES: Euh, oui... Mais, vous savez, c'est une très vieille maison; elle est presque en ruine!

PIERRE: On ne veut pas vous déranger, Yves. Excusez Manon, elle est très impulsive.

80   YVES: Non, au contraire, venez! Il ne vient jamais personne chez nous... J'ai envie de vous montrer...

Mais Yves ne termine pas sa phrase. Cinq minutes plus tard, Manon et son grand-père se trouvent dans un petit canot à moteur piloté par Yves lui-même. Le
85   bateau traverse le port et, quelques minutes plus tard, accoste sur une petite plage, à gauche de la porte moyenâgeuse qui fait face au balcon de la chambre de Manon.

Cette dernière fait semblant d'être surprise.

90   MANON: Mais, c'est LE CHÂTEAU!

accoster *to land*

moyenâgeux *medieval*

faire semblant *to pretend*

YVES (modeste):   Oui, on l'appelle comme cela dans la région, mais, en réalité, il est en très mauvais état, il faut refaire la toiture et tant d'autres choses!

la toiture *roof*

95 MANON: À l'hôtel de l'Europe, ma chambre est juste en face!

YVES: C'est vrai qu'on le voit de loin.

PIERRE: C'est un château de famille?

YVES: Oui, depuis 8 ou 9 générations... Nous re-
100 montons à l'époque d'Henri IV◆. Jacques Car-
tier◆ est de la même famille.

PIERRE: C'est extraordinaire!

Le canot est maintenant attaché; ses trois occu-
pants descendent et se trouvent nez à nez avec un
105 personnage tout à fait insolite: un général américain,
venant tout droit de la Seconde Guerre mondiale,
casqué, botté, décoré, qui les salue militairement.

nez à nez *face to face*

YVES: Monsieur Roustain, je vous présente Papa.

Mais la surprise continue lorsqu'apparaît une
110 toute petite femme habillée, de la tête aux pieds, dans
le costume traditionnel breton, comme on en voit
dans les musées , mais certainement pas dans la rue,
même dans un tout petit village comme Ploumanac'h.

YVES: Maman, je te présente Monsieur Roustain...
115 un ami parisien, et sa petite-fille , Manon.

QUESTIONS

A. Répondez avec une phrase complète.

Première partie: L'attente.

1. Quel jour de la semaine Yves doit-il arriver?

2. Où marchent Manon et son grand-père avant son arrivée?

3. De quoi parlent-ils ensemble?

4. D'après la supposition de Manon, pourquoi Yves est-il le "pigeon idéal"?

5. Pourquoi, d'après Pierre, les faux billets ne sont-ils pas distribués dans la région?

6. Quels sont les trois moyens de locomotion qu'Yves va utiliser pour rentrer chez lui?

7. Pourquoi Pierre et Manon dorment-ils mal?

8. À quelle heure sont-ils sur leur banc?

9. Pourquoi choisir «ce» banc?

10. Que lisent-ils?

Deuxième partie: L'arrivée.

1. Pourquoi est-ce que Pierre et Manon ne voient pas Yves arriver?

2. Quelle est la réaction d'Yves en les voyant?

3. Comment Manon montre-t-elle qu'elle n'est pas timide?

4. Comment vont-ils sur l'île?

5. Combien dure le voyage?

6. De quoi semble s'excuser Yves au sujet du château?

7. Depuis combien de temps la famille d'Yves habite-t-elle dans le château?

8. En quoi le père d'Yves est-il bizarre?

9. Et sa mère?

B. LECTURES

Complétez les titres des livres en trouvant la fin du titre dans la colonne de droite.

a) 20000 lieues   1. au Trésor.

b) L'Étalon   2. de Gulliver.

c) L'Île   3. des Mouches.

d) Le Petit   4. de Paris.

e) Le Petit Lord   5. en 80 jours.

f) Le Tour du monde   6. Fontleroy.

g) Les trois   7. Mousquetaires

h) Les Voyages   8. noir.

i) Notre-Dame   9. Prince.

j) Sa Majesté   10. sous les mers.

CULTURE

1. HENRI IV (1553-1610) was a famous French king.

À VOUS!

Find out why he was called «Le bon roi Henri».

2. JACQUES CARTIER, a sailor from Brittany, went to Canada in 1534, explored the St. Lawrence river and, along with Samuel de Champlain, was one of the founding fathers of French-speaking Canada.

Find out more about those explorations and about the history of
Québec. Find out, also, why Louisiana was given that name.

3. DANS LE TRAIN EN FRANCE: Le TGV est un train à grande vitesse.
Sur les lignes spéciales, construites uniquement pour le TGV, il fait
du 300 km/h (par exemple, entre Paris et Le Mans). Ensuite, il continue sur le réseau normal de la SNCF et fait du 160 km/h (par
exemple entre Le Mans et Saint-Brieuc.

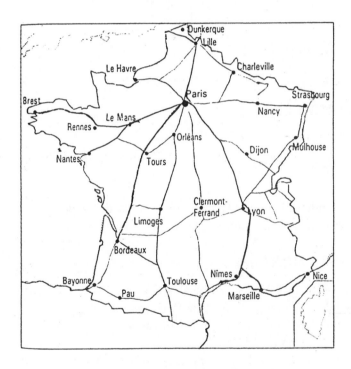

JEU DE CARTES

Retrouvez les villes où on peut aller en train.

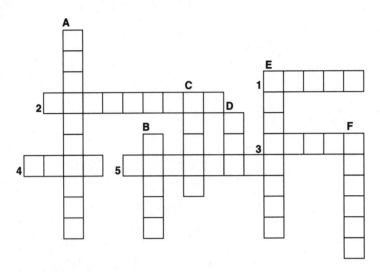

HORIZONTALEMENT

1. La ville la plus à l'ouest de la France.
2. Le plus grand port du sud de la France et une ville célèbre pour sa bouillabaisse.
3. Une ville au sud-est de Paris, célèbre pour sa moutarde.
4. Une grande ville sur le Rhône, sur la route des Alpes.
5. Une grande ville du sud-ouest, au nord des Pyrénées.

VERTICALEMENT

A. La capitale de l'Alsace, au nord-est.
B. Une jolie ville au sud-ouest de Paris, sur la Loire.
C. La plus grand ville du nord de la France.
D. Une ville dans les Pyrénées.
E. Une très grande ville du sud-ouest, près de l'Océan Atlantique.
F. Une grande ville dans le sud de la Bretagne.

Chapitre 24

Yves est imperturbable. Sous les yeux ébahis de Manon et de son grand-père, il joue le jeu. Ou bien joue-t-il?

jouer le jeu to enter into the game

YVES: Voici d'illustres visiteurs qui viennent voir le
5 château, est-ce possible, mon Général?

LE PÈRE: Permission accordée, Capitaine. Rompez!

accordé granted
rompez dismissed

YVES: Venez, suivez-moi. Vous voulez tout visiter?

Manon se remet avec peine de son étonnement face aux parents du jeune homme. Elle est comme
10 subjuguée, elle n'a même pas envie de rire, pas du tout.

MANON: Oh oui... S'il vous plaît, tout cela est trop terrible.

PIERRE: Ma petite-fille veut dire «formidable»...

15 YVES: Je sais, je sais, Monsieur Roustain, je connais l'argot des jeunes Parisiens moi aussi. Venez, allons voir la Tour Sainte-Anne.

La Tour Sainte-Anne est la plus grande des deux tours. Ils montent un petit escalier en colimaçon. Le
20 «général» et la «Bretonne» ne semblent pas suivre.

en colimaçon spiral

YVES: Attention, l'escalier non plus n'est pas très solide. Voilà, nous y sommes.

Yves vient d'ouvrir une porte si basse que Pierre doit baisser la tête pour pouvoir passer et, soudain,

25 Manon et son grand-père se trouvent transportés
dans le passé...

Ils sont dans une salle ronde (c'est une tour) où la
lumière pénètre avec peine par quelques très petites
fenêtres et qui est entièrement décorée avec... des
30 portraits de La Fayette◆ . Dans plusieurs vitrines,
sur des buffets aux étagères multiples, se trouvent
des centaines d'objets hétéroclites...

hétéroclite
disparate

YVES: Voici la collection de mon arrière-arrière-ar-
rière grand-père: tout ce qui est dans cette salle a
35 un rapport direct avec La Fayette.

PIERRE: C'est INCROYABLE! C'est un véritable
musée!

MANON: La Fayette? Je connais; à mon école on apprend la Révolution américaine et la Révolution
40 française...

YVES: Venez, regardez ici, de gauche à droite, vous
avez:

un drapeau de son régiment,
le drapeau *flag*
une de ses perruques,
la perruque *wig*
45 dix portraits de lui, datant des XVIIIème et
XIXème siècles,
dans cette vitrine: une de ses bagues, son gobelet
la bague *ring*
en argent, un de ses ceinturons, une tabatière,
le ceinturon *belt*
un de ses fusils,
la tabatière
snuffbox
50 un autre drapeau,
le fusil *gun*
deux lettres écrites d'Amérique à Louis XVI,
un de ses chapeaux,
une lettre en anglais,
une de ses épées...
une épée *sword*

⊟ 55 PIERRE: C'est incroyable! D'où viennent tous ces
objets?

YVES: C'est une collection commencée par mon ar-
rière-arrière-arrière grand-père et continuée par
son fils et son petit-fils. Les objets viennent de
60 ventes aux enchères pour la plupart. C'est pour
la vente aux
cela que ma famille n'a plus d'argent!
enchères *auction*

MANON: C'est génial! Et votre grand-père?

YVES: Ah ça, c'est une autre histoire... Mon grand-
père et mon père, eux, c'est autre chose... Vous
65 voulez voir?

PIERRE: Si c'est possible, je ne dis pas non, tout ceci
est si extraordinaire!

Complètement ébahis, Pierre et Manon, suivant
leur guide, redescendent le petit escalier et, toujours
70 derrière lui, pénètrent dans une immense galerie.

YVES: Mon grand-père et mon père, eux, c'est le
Débarquement♦ .

PIERRE: Le Débarquement de juin 44 en Nor-
mandie?

75 YVES: Oui, tout ce que vous voyez ici vient des
Américains et date du Débarquement: armes, dra-
peaux, vestes, médailles, lettres...

Trop, c'est trop. Manon et son grand-père se regardent. Ils savent maintenant qu'ils ont affaire à
80 une famille pas comme les autres — des originaux
prêts à tout pour assouvir leurs passions — une   assouvir *to satisfy*
famille de collectionneurs.

QUESTIONS

A. VRAI OU FAUX? Dites si la phrase suivante est vraie. Si elle est
fausse, donnez la bonne réponse.

1. Yves parle à son père comme à un militaire.

2. Pour aller dans la Tour Sainte-Anne, il faut prendre un très large
escalier.

3. Les parents d'Yves viennent avec eux.

4. Dans la Tour Saint-Anne il y a une collection de portraits de l'ar-
rière-arrière-grand-père d'Yves.

5. Cette salle est exactement comme un musée.

6. Tous les objets de cette salle ont un rapport avec la Révolution Française.

⊟ 7. La famille d'Yves n'a plus d'argent à cause de cette collection.

8. Le père d'Yves ne collectionne rien.

9. Dans la grande galerie il y a beaucoup d'objets qui sont des souvenirs d'un voyage aux États-Unis.

10. Il est évident que c'est une famille qui aime les collections.

B. Complétez les phrases en trouvant l'élément qui leur correspond dans la colonne de droite.

a) Avec ses parents Yves joue	1. à Louis XVI.
b) Il annonce que des visiteurs	2. dans le passé.
c) Manon n'a pas du tout envie	3. le jeu.
d) Ils montent un petit escalier	4. de son arrière-arrière-arrière grand-père.
e) Pierre baisse la tête	5. de ventes aux enchères.
f) Ils se retrouvent transportés	6. en colimaçon
g) C'est la collection	7. de rire.
h) Il y a deux lettres écrites	8. pas comme les autres.
i) Les objets viennent	9. pour passer.
j) C'est vraiment une famille	10. viennent voir le château.

C. COMPRÉHENSION AUDITIVE: Écoutez les textes suivants et choisissez les réponses qui conviennent aux questions.

Texte 1
1. Si on entre dans la chambre de ma sœur on peut voir
   a) des chapeaux.
   b) une photo de Katharine Hepburn.
   c) des affiches de films.

2. Elle adore Gary Grant; de lui elle a
   a) 14 photos.
   b) 40 photos.
   c) 94 photos.

3. La lettre écrite par Katharine Hepburn est
   a) fausse.
   b) une copie.
   c) vraie.

Texte 2
1. Claude Monet
   a) habite à Giverny.
   b) est vivant à Paris.
   c) est mort.

2. Sa maison est maintenant
   a) un hôtel.
   b) un atelier.
   c) un musée.

3. Le plus extraordinaire est
   a) sa chambre.
   b) son atelier.
   c) son jardin.

4. Claude Monet est célèbre pour ses peintures de
   a) chevaux.
   b) nymphéas.
   c) maisons.

CULTURE

1. LA FAYETTE, a French general, was sent to the "new world" by Louis XVI, to help Americans in their war for independence.

| À VOUS! |

Find out what you can about La Fayette's importance in the American Revolution as well as his participation in the French Revolution.

2. <u>LE DÉBARQUEMENT:</u> When American troops landed in Normandy on June 6, 1944 on D-Day, the Second World War reached its turning point. The war with Germany was officially over in May 1945.

À VOUS!

Find out more about D-Day and how the war ended.

JEU DES COLLECTIONS

Vous collectionnez (en réalité ou en imagination) tout ce que vous pouvez trouver sur un personnage célèbre: George Washington, Napoléon, Louis XIV, Lindbergh, Elvis Presley, The Beatles, ou un chanteur, une chanteuse, un acteur, une actrice, n'importe qui.

Individuellement ou en groupes faites une liste des objets qui sont dans votre collection.

Chapitre 25

Pierre ne peut retenir les mots qui lui brûlent les lèvres...

PIERRE: Et vous, Yves, qu'est-ce que vous collectionnez?

5 Yves hésite, regarde le grand-père et sa petite-fille, ses yeux brillent...

briller *to shine*

YVES: Ah, moi, c'est un secret... un grand secret que personne ne connaît!

MANON: Sauf vos parents, je suppose?

10 YVES: Oh, vous savez, eux, ils vivent dans un monde à part... Ils se moquent complètement de ma collection.

PIERRE: Mais justement, nous, cela nous intéresse...

15 YVES: Monsieur Roustain, je vous connais depuis longtemps. J'ai confiance en vous, oui, vraiment confiance... Venez.

Pierre et Manon se sentent soudain très mal à l'aise. Ils sont bel et bien en train de trahir la con-
20 fiance de ce pauvre garçon.

bel et bien *truly*
trahir *to betray*

PIERRE: Attendez, je...

YVES: Non, non, venez, vous allez être les premiers, c'est dans la Tour Saint-Leu, la petite tour.

Quand Yves ouvre la porte de la tour, ni Pierre, ni
25 Manon ne savent à quoi s'attendre. La surprise est
donc totale, si totale que nos deux détectives sont
même incapables de parler.

Ce que la Tour Saint-Leu abrite, ce qu'Yves collectionne, c'est le souvenir de SAINT-EXUPÉRY...Oui,
30 Saint-Ex, l'auteur du *Petit Prince*... Mais ce qui at-
tire leurs yeux, ce n'est pas la maquette de l'avion,
le sac postal, les différents portraits de l'aviateur-
écrivain. Ce ne sont pas, non plus, les 60 volumes du
Petit Prince, traduit en 60 langues différentes, qui
35 couvrent les étagères de la bibliothèque, ni la collection entière de ses œuvres. Ce ne sont même pas les
nouveaux timbres figurant *Le Petit Prince,* qu'Yves
vient de sortir d'une enveloppe, non, ce que regardent Pierre et Manon, ce sont tous ces petits billets
40 bleus, soigneusement collés au mur, les uns au bout   collé *glued*
des autres, comme du papier peint. Mais Manon et   le papier peint
son grand-père savent; ils savent bien que ce n'est   *wallpaper*
pas du papier peint, ni même des faux billets... Ils
comprennent que ce sont de VRAIS billets de 50
45 francs, qui couvrent presque entièrement tout un   un pan *a section*
pan du mur de la tour, du plafond jusqu'au plancher!   le plafond *ceiling*
Yves leur sourit, si fier de lui. Pierre retrouve,   le plancher *floor*
enfin, l'usage de la parole.

PIERRE: Mais ce sont de VRAIS BILLETS!

50 YVES: Bien sûr! Tout ici est vrai.. Regardez, voici
un de ses stylos, une de ses écharpes d'aviateur,
ses lunettes...

PIERRE: Mais, ces billets de 50 francs, d'où viennent-ils?

55 YVES: De Paris, de la poste...

PIERRE: Échangés contre des faux billets!

YVES: Exactement! Alors, vous savez? C'est astu-   astucieux (-ieuse)
cieux, hein?   *clever*

PIERRE: Oui, mais c'est aussi TRÈS MALHON-
60   NÊTE! C'est un crime! Savez-vous que vous pouvez aller en prison?

YVES: Mais c'est de leur faute! D'abord, en 1993, ils
font ce merveilleux billet de 50 francs... Imaginez
ma joie...

65   PIERRE: Oui, j'imagine parfaitement.. . Mais alors,
pourquoi en faire des faux?

YVES: C'est que maintenant, avec l'Euro◆ , tous les
billets vont disparaître!

MANON: Comment ça, disparaître?

70   YVES: Mais oui, l'Euro va remplacer les billets
français. Savez-vous ce qu'ils font avec les billets
qu'ils retirent de la circulation?

PIERRE: Oui, je le sais, ils les brûlent.

YVES: Exactement! Je ne peux pas laisser faire une
75   chose pareille! Un si beau billet, avec le Petit
Prince, le boa qui digère un éléphant, le visage de
Saint-Ex en filigrane et ... même le mouton.

PIERRE: Donc, si je comprends bien, vous substi-
tuez les faux billets aux vrais pour empêcher leur
80   destruction!

YVES: C'est ça!

PIERRE: Et, d'où viennent les faux billets?

YVES: D'ici, au sous-sol, j'ai une machine assez so-   le sous-sol
phistiquée, vous voulez la voir?   *basement*

85   C'est ainsi que Pierre Roustain, juge à la retraite,
atterré par tant de candeur, tant de malhonnêteté,   atterré *appalled*
tant de naïveté, se laisse mener au sous-sol de ce
diabolique château pour voir une machine à fabriquer les faux billets...

QUESTIONS

A. Choisissez la proposition ou les mots qui complètent le mieux la phrase.

1. Manon et son grand-père sont les premières personnes
   a) à se moquer de la collection d'Yves.
   b) à voir la collection d'Yves.
   c) à faire confiance à Yves.

2. Yves collectionne
   a) tout ce qui a un rapport avec Saint-Exupéry.
   b) les avions de Saint-Exupéry.
   c) uniquement les livres de Saint-Exupéry.

3. Il y a soixante volumes du *Petit Prince*
   a) en anglais.
   b) en français.
   c) en soixante langues.

4. Sur le mur de la Tour Saint-Leu il y a
   a) du papier peint.
   b) des faux billets de 50 francs.
   c) des vrais billets de 50 francs.

5. Yves est très
   a) content de leur montrer sa collection.
   b) honteux de leur montrer sa collection.
   c) étonné de leur montrer sa collection.

6. Le billet de 50 francs avec Saint-Exupéry date de
   a) mille neuf cent quatre-vingt-huit.
   b) mille neuf cent quatre-vingt-treize.
   c) mille neuf cent quatre-vingt-dix-huit.

7. Yves ne veut pas
   a) la destruction de l'Euro.
   b) la destruction des livres de Saint-Exupéry.
   c) la destruction des billets de 50 francs.

8. Les faux billets viennent
   a) de chez lui.
   b) d'une fabrique près de chez lui.
   c) d'un autre château.

B. Reconstituez les mots et trouvez le message!

MESSAGE: Yves, dans la Tour Saint-Leu, a une incroyable _ _ _ _ .

QUINTECAN   □_ _ _ _ _ _ _ _

NOIVA   _ _ _□_

LETLIBS   _ _□_ _ _ _

LANOTHENEM   _ _□_ _ _ _ _ _ _

PYXERUE   □_ _ _ _ _ _

NICHAME   _ _□_ _ _ _

TAVAUREI   _ _ _ _□_ _ _

SIRAVS   _ _ _□_ _

TOUMON   _□_ _ _ _

CRANFS   _ _ _□_ _

C. Écrivez une courte lettre à l'auteur d'un livre que vous aimez tout particulièrement. Dites pourquoi ce livre est important pour vous.

CULTURE

The EURO is the common money for the countries belonging to the European Community. All countries will use the same money. It will no longer be necessary to change money when going from one country to another. The Euro is currently being implemented and is already used by banks in their accounts; by 2002 it will be used by everyone.

À VOUS!

Calculate in Euro the prices of various items with which you are familiar. You may want to look in a newspaper to find the value of the U.S. dollar in Euro.

$100 watch	$50 sweater
$3 container of juice	$2 loaf of bread
$160 bicycle	$12 CD

JEU INTERACTIF: AU TRIBUNAL.

Les élèves sont divisés par groupes de 4. Dans chaque groupe il y a:
a) un criminel (Yves)   b) son avocat   c) un procureur (*district attorney*)   d) un juge

Le procureur va accuser le criminel et demander réparation (amende, prison, etc.); le criminel va s'expliquer. L'avocat va le défendre. Le juge va décider.

À votre avis, faut-il punir Yves? Comment peut-on le punir?

Quand les groupes sont prêts ils jouent la scène devant la classe.

Chapitre 26

Le sous-sol est délabré, lui aussi, mais, dans un coin, sur une table, trône la «machine». Elle ressemble à un ordinateur dont l'imprimante sort des faux billets.

délabré *dilapidated*

un ordinateur *computer*
une imprimante *printer*

5 PIERRE: D'où vient cette machine?

YVES: C'est de ma fabrication... Je suis très bricoleur!

bricoleur (-euse) *handy*

PIERRE: Mais, et le papier?

YVES: Vous savez, je travaille sur ce projet depuis
10 longtemps, depuis la menace de l'Euro... Pour le papier, en analysant les vrais billets, on voit que la composition est simple: 75% de coton et 25% de lin, avec des fibres rouges et bleues.

la menace *threat*

MANON: Et pourtant, Yves, votre billet n'est pas
15 parfait!

YVES: Je sais, c'est la bande métallique... Mais il faut de bons yeux pour voir la différence!

Pierre Roustain, calme jusque là, ne peut plus contenir sa colère et il se met à crier.

20 PIERRE: C'est donc la raison pour laquelle vous distribuez vos faux billets aux personnes âgées! C'est MONSTRUEUX! Savez-vous que ces gens ne sont pas riches? Savez-vous que les banques confisquent les faux billets que VOUS distribuez?
25 C'est CRIMINEL!

Pierre s'arrête soudain: Yves vient de fondre en larmes. Manon s'approche de lui et lui met le bras autour du cou.

fondre en larmes *to burst into tears*

MANON: Ne pleurez pas, c'est vrai, mon grand-père
30   a raison, mais vous n'êtes pas un VRAI CRI-
MINEL...

YVES: Je ne fais rien de mal; ils vont brûler tous ces billets! Chez moi, ils sont en sécurité...

PIERRE: Mais si, mon pauvre ami, vous faites quel-
35   que chose de mal: on ne peut pas fabriquer des faux billets impunément!

MANON: Papie, qu'est-ce qu'on va faire?

PIERRE: Il n'y a pas trente-six solutions! Il faut laisser faire la justice!

40   Yves reste assis, un billet de 50 francs à la main; il semble perdu dans un autre univers.

MANON: Oui, je sais bien, mais, dis, toi, un ancien juge, tu ne peux pas l'aider?

PIERRE: Je suis juge, ma petite, pas avocat.

45 MANON: Oui, bien sûr, mais, quand même, tu vois bien qu'il n'est pas méchant! Regarde sa famille: son père qui s'habille comme un général améri-cain, sa mère en Bretonne de l'ancien temps... Et ce musée!

50 PIERRE: Oui, peut-être, je ne peux pas le nier: il a des circonstances atténuantes... Il faut quand même arrêter tout cela.

⊟   Ce soir-là, après plusieurs heures de conciliabules entre Manon et son grand-père, discussions aux-
55   quelles Yves participe à peine, c'est en silence que ce dernier va les ramener, avec le canot, au port de Tré-gastel. Ils savent, tous les trois, que tout va bientôt changer...

un conciliabule *secret talk*

Le lendemain matin Pierre Roustain, sans ré-
60 veiller Manon, part pour Saint-Brieuc, pour y voir le
Procureur de la République◆ , un de ses anciens col-
lègues de Paris. Il va y rester toute la matinée.

le procureur *district
attorney*

Pendant le voyage du retour, deux jours plus tard,
Pierre ne veut toujours rien dire à Manon. L'histoire
65 d'Yves est entre les mains de la Justice. Cependant
il est assez content de sa discussion de Saint-Brieuc
et des suggestions faites à ce moment-là.

épuisé *exhausted*

MANON: Quelles vacances! Je suis complètement
épuisée!

70 PIERRE: Eh! C'est dur d'être détective! Qu'est-ce
que tu crois?

MANON: Je sais que tu ne veux rien me dire, mais,
est-ce qu'il va encore travailler à la poste?

PIERRE: Je ne pense pas.

75 MANON: Ben alors, comment tu vas faire pour ma
coll...

Pierre se retourne brusquement vers sa petite
fille, étonné et, il faut le dire, fort vexé.

être au courant de
*to be informed
about*

PIERRE: Comment? Tu es au courant?

80 MANON: Euh... C'est à dire que...

PIERRE: Oui, je comprends... Ta mère est impossible! Elle ne sait pas garder un secret!

Manon se rend compte de sa maladresse et change
vite de sujet de conversation.

85 MANON: Mais, dis donc, et Pleumeur-Bodou? Les
chiens? Le gardien?

PIERRE: Voyons, c'est un centre de recherches aéro-
spatiales! On ne peut pas laisser entrer n'importe
qui!

90 MANON: En tout cas, toi et moi, nous avons une
    imagination débordante avec nos petits vieux, le
    Gouvernement...

PIERRE: Je ne suis pas d'accord avec toi, dans ce
cas la vérité dépasse la fiction!

95 MANON: À propos de petits vieux, il faut leur télé-
    phoner pour leur raconter toute l'histoire!

PIERRE: Oui, je vais appeler Odette dès mon retour...

MANON (taquine):   Odette! Tiens, et pourquoi pas   taquin *teasing*
100 les deux autres?

Mais elle n'insiste pas... Son grand-père vient de
rougir comme un collégien...

ÉPILOGUE

105

ouest france
Justice et Liberté

Dinan
Mardi 22 juin

L'affaire des faux billets
110 Yves Leguéflec, le célèbre faussaire, est   le faussaire *coun-*
    condamné à trois ans de prison avec sursis   *terfeiter*
    dont un an ferme. À sa sortie de prison,   avec sursis *sus-*
    sous la direction de l'ancien juge Pierre   *pended sentence*
    Roustain, il va faire du bénévolat dans un   un an ferme *one*
115 centre pour enfants inadaptés. Le Conseil   *year without*
    Régional des Côtes d'Armor s'engage à   *parole*
    restaurer le château de sa famille pour en   inadapté *malad-*
    faire un musée. Ses parents ont le droit de   *justed*
    rester au château jusqu'à leur mort et vont
    servir de gardiens.

QUESTIONS

A. Répondez aux questions avec une phrase complète.

Première partie: Le coupable.

1. Qu'est-ce que c'est que cette «machine» qu'ils regardent avec Yves?

2. Où est cette machine?

3. Quelle est la composition du papier utilisé pour les faux billets?

4. Pourquoi Yves donne-t-il les faux billets à des personnes âgées?

5. Pourquoi est-ce que le grand-père de Manon se met en colère?

6. Que fait Yves quand Pierre commence à crier?

7. Que demande Manon à son grand-père?

8. Pourquoi Manon a-t-elle pitié d'Yves?

Deuxième partie: La fin de l'enquête.

1. Pendant combien de temps Manon et son grand-père parlent-ils?

2. Pourquoi Pierre va-t-il à Saint-Brieuc le lendemain matin?

3. Qui s'occupe maintenant de cette histoire?

4. Manon est-elle reposée à la fin de ses vacances en Bretagne?

5. Quel est le secret que Manon connaît?

6. Quelle est la réaction de son grand-père?

7. Comment Pierre explique-t-il le gardien et les deux gros chiens de Pleumeur-Bodou?

8. À qui Pierre va-t-il téléphoner en rentrant à Paris?

9. Pourquoi Manon le taquine-t-elle?

10. Que fait-il à ce moment-là?

B. Complétez ce résumé de l'histoire avec les mots de la liste
ci-dessous.

âgée	criminel	histoire	roses
américain	dame	métallique	remplacer
auteur	destruction	mur	sous-sol
billets	Euro	poste	sympathiques
Breton	gens		

C'est donc le __1__ Yves Leguéflec qui fabrique des faux billets de 50
francs dans le __2__ de son château. Il les échange contre de vrais billets à la __3__ de la rue de Lourmel. Il les donne en priorité aux personnes __4__ qui ne peuvent pas voir l'imperfection de la bande __5__
des faux billets. Il colle les vrais billets sur le __6__ de la Tour Saint-
Leu. Son excuse: il adore Saint-Exupéry, l' __7__ du Petit Prince; il sait
que les __8__ vont être brûlés éventuellement, car l' __9__ va les __10__
et il ne peut pas accepter leur __11__ .

Est-ce une raison pour devenir __12__ ?

En tout cas, grâce à cette __13__ , le grand-père de Manon vient de
rencontrer des __14__ extraordinaires: un faux général __15__ , par
exemple, et d'autres personnes très __16__ à la Résidence Violet,
comme, par exemple, une charmante vieille __17__ qui, comme lui,
adore cultiver les __18__ !

CULTURE

1. The judiciary system in France has two branches: civil jurisdictions
(JUSTICE CIVILE) deal with private law and problems between people,
criminal jurisdictions (JUSTICE PÉNALE) deal with public law and
crimes.

2. There are two kinds of magistrates: Judges like Pierre are "sitting"
magistrates (LA MAGISTRATURE ASSISE). The PROCUREURS are "stand-
ing" magistrates (LA MAGISTRATURE DEBOUT). They represent the gov-
ernment and ask for the application of the laws. The PROCUREUR DE
LA RÉPUBLIQUE works in the lower courts, the PROCUREUR GÉNÉRAL
works in the higher courts.

| À VOUS! |

Débat: Comment punir Yves Leguéflec pour sa fabrication de faux billets?

Êtes-vous d'accord avec la décision de la justice française (voir l'ÉPILOGUE).

Comparez avec les décisions prises dans les scènes de théâtre du chapitre 25.

JEU D'IMAGINATION

Lisez l'épilogue qui termine ce livre et imaginez la vie de tous les personnages de cette histoire, cinq ans après...

Yves, Manon, Pierre, Mme Langelet, M. Mauvert, M. Minervois...

Où vivent-ils?

Que font-ils?

Ce travail peut être fait en groupes ou individuellement.

Vocabulaire

à at, to, in
à cause de because of
à demain see you tomorrow
à droite to the right
à gauche to the left
à la retraite retired
à mi-chemin half-way
à moitié half
à plus tard see you later
à tout à l'heure see you soon
abasourdi astonished
abriter to shelter
accordé granted
accoster to land
accueillir to welcome
achat *m* purchase
acheter to buy
actif (-ive) active
activité *f* activity
additionner to add
adorer to love
âgé old
agent *m* agent
agile agile
ahuri bewildered
aider to help
ailleurs elsewhere
aimable nice, pleasant
aimer to like
ainsi so
air *m* air
aire de repos *f* rest area
aller to go
allumer to light
alors so, then
alphabétisation *f* reading and writing
amas *m* pile
ambiance *f* atmosphere
âme *f* soul
aménager to arrange
ami(e) friend
amusant funny, amusing
an *m* year

ancien (-ienne) former, old
année *f* year
annoncer to announce
anodin insignificant
apparaître to appear
apparence *f* appearance
appeler to call
s'approcher to come near
appuyer to push
après after
après-midi *m* afternoon
arbre *m* tree
argent *m* money
argenté silver-color
arpenter to pace up and down
arracher to pull out
arrêter, s'arrêter to stop
arrière-boutique *f* back room
arrivée *f* arrival
arrondissement *m* district
ascenseur *m* elevator
s'asseoir to sit down
assez enough
assiette *f* a plate
associé(e) partner
assouvir to satisfy
astucieux (-ieuse) clever
attacher to tie
attendre to wait (for)
atterré dismayed
attention! watch out!
attentivement carefully
au contraire on the contrary
au courant informed (about)
au dessus above
au fait by the way
au lieu de instead of
au moins at least
au revoir good bye
aucun no(ne), no one, not any
aujourd'hui today
automobiliste *m* car driver
autoroute *f* highway

autour de around
autre other
avant before
avec with
avion *m* airplane
avis *m* advice, opinion
avocat *m* lawyer
avoir to have
avoir accès à to have access to
avoir affaire à to deal with
avoir besoin de to need
avoir du mal à to have trouble with
avoir envie de to want to, feel like
avoir faim to be hungry
avoir honte to be ashamed
avoir l'air to seem, look
avoir lieu to take place
avoir peur to be afraid
avoir raison to be right
avoir tort to be wrong
avouer to admit, confess

bague *f* ring
se baigner to go swimming
baiser *m* kiss
balade *f* a walk
balcon *m* balcony
banc *m* bench
bande *f* strip
banquette *f* seat
bas(se) low
bateau *m* boat
bâtiment *m* building
bâton *m* stick
bavard talkative
beau, belle beautiful
beaucoup de a lot of
bébé *m* baby
bel et bien really
Belle au bois dormant sleeping beauty
bénévolat volunteer work
bercer to rock
bête stupid
bibliothèque *f* library
bien well
bien éclairé well lit
bien élevé well brought up
bien sûr of course
bien taillé neatly trimmed
bienvenue *f* welcome

billet *m* bill, ticket
bise *f* kiss
bizarre strange
blanc, blanche white
blessé wounded
bleu blue
bœuf *m* beef
boire to drink
boîte *f* box
bon(ne) good
bond *m* jump
bonne humeur *f* good mood
bonsoir good evening
bordé surrounded by
botté with boots on
bouche *f* mouth
bouclé curly
boulanger (-ère) baker
boulangerie *f* bakery
bouteille *f* bottle
boutique *f* shop
bras *m* arm
bredouille empty-handed
bricoleur *m* handy
briller to shine
brochure *f* brochure
bruit *m* noise
brûler to burn
brume *f* fog, mist
brusquement suddenly
buffet *m* cupboard
bureau *m* desk, office

ça that
ça marche it's o.k.
(se) cacher to hide (oneself)
cadeau *m* gift
cahier *m* notebook
cahier de texte *m* assignment book
caisse *f* cashregister
caissier(-ière) cashier
(se) calmer to calm (oneself)
campagne *f* country
candeur *f* naivety
canot à moteur *m* small motorboat
capitale *f* capital
car because
caractère *m* personality
carré square
carte *f* card, map

casqué with helmet on
cathédrale *f* cathedrale
cauchemar *m* nightmare
ce que what
ce, c' it
ce, cet, cette this
ceinturon *m* belt
cela that
celui-là that one
centaine *f* hundred
certain sure, certain
ces these, those
chacun each one
chair de poule goose bumps
chance *f* luck
chapeau *m* hat
chasse *f* hunt; hunting
château *m* castle
chaud hot
chaussure *f* shoe
chauve bald
chef *m* leader
chemin de randonnée *m* hiking trail
cher, chère expensive
chercher to look for
chéri darling
cheveux *m* hair
chez at the house of
chien *m* dog
chimie *f* chemistry
chocolat *m* chocolate
chœur *m* choir; **en chœur** together
choisir to choose
chose *f* thing
chuchoter to whisper
chut be quiet
cidre *m* cider
cimetière *m* cemetery
cinéma *m* movies
cinglé crazy
circulation *f* traffic
classe *f* class
clef *f* key
clémentine *f* clementine, tangerine
coin *m* corner
colère *f* anger
colimaçon snail-like
collectionneur (-euse) collector
collège *m* Middle School

collégien *m* school boy
coller to stick
colline *f* hill
combien how many, how much
comme like
commencer to start, to begin
comment how
commerçant(e) shop keeper
compagnon *m* friend
comparer to compare
complice *m* / *f* accomplice
compliment *m* compliment, praise
comportement *m* behavior
comprendre to understand
compte *m* account
conciliabule *m* secret talk
conduire to drive
confiance *f* trust
confisquer to take away
connaître to know, be acquainted
conte de fées *m* fairy tale
content glad
contigu(ë) adjoining
continuer to continue
contourner to turn around
convenir to be convenient, to fit
copain, copine friend, buddy
costume *m* costume
cou *m* neck
couleur *f* color
couper to cut
courir to run
courrier *m* mail; **courrier électronique** E mail
cours *m* class; **cours de rattrapage** remedial classes
court short
court de tennis *m* tennis court
coûter to cost
couvert covered
couverture *f* cover
(se) couvrir to cover (oneself)
crèche *f* child care center
crêpe *f* French pancake
cri *m* scream
crier to scream
croire to believe
croissant *m* croissant, breakfast roll
cuire to cook
culpabilité *f* guilt

cultiver to cultivate
curieux (-euse) curious

d'accord O.K
dame *f* lady
dans in
davantage more
de of
dé *m* dice
débarquement *m* landing, D-Day
décevoir to disappoint
déchirer to tear
décidé to decide
décoré decorated
découvrir to discover
déçu disappointed
défavorisé underprivileged
dégager to clear
délabré in bad condition
délicieux (-euse) delicious
demain tomorrow
se demander to wonder
démarrer to start
demi-heure *f* half an hour
dentiste *f/m* dentist
départ *m* departure
dépendre de to depend on
dépenser to spend
dépliant *m* advertisement, pamphlet
déprimer to depress
depuis since
déranger to disturb
dernier (-ière) last
derrière behind
des some
dès as soon as
descendre to go down
désert deserted
dessin *m* drawing
dessiner to draw
dessus on top
détecteur *m* detector
détester to hate
deux two; **deux fois** twice
deuxième second
devant in front of
deviner to guess
devoir *m* homework
devoir to have to, must
diabolique diabolical

difficile difficult
dimanche Sunday
dire to say, to tell
directement directly
se diriger to go towards
discuter to talk; **discuter ferme** to argue
disparaître to disappear
disparition *f* disappearing
se disputer to fight
distribuer to distribute
divan *m* sofa
divers various
doigt *m* finger
donnée *f* information
donner to give
dont whose, of which
dos *m* back
douanier *m* customs officer
douceur *f* sweet
douleur *f* pain
doute *m* doubt
se douter de to suspect
doux, douce soft, sweet
douze twelve
drapeau *m* flag
droit straight
du of the, some
dur hard

eau *f* water
ébahi surprised
éberlué astounded
écharpe *f* scarf
éclair au chocolat *m* chocolate eclair
éclat de rire *m* burst of laughter
école *f* school
écouler to get rid of
écouter to listen
écrire to write
écrivain *m* writer
égoïste selfish
élégant smart, elegant
élève *m/f* student (primary & secondary school)
éliminer d'office to get rid of at once
elle she
elles they
embarcadère *m* dock

embêté annoyed
embrasser to kiss
émettre to print out
empêcher to prevent; **ne pouvoir s'empêcher de** not to be able to help
en in
en effet right, exact
en face de in front of, facing
en général usually
en haut above, upstairs
en train de in the process of
encastrer to fit into
enchanté (de) delighted (with)
encore still, again
s'endormir to fall asleep
endroit *m* place
énervé annoyed
enfant *m/f* child
enfourné put in the oven
enlever to take off
ennuyé bored
s'ennuyer to be bored
ennuyeux (-euse) boring
énorme huge
enquête *f* inquiry
enquêter to inquire
enregistrer to ring the price
ensemble together
ensuite then
entamer to start
entièrement entirely
entourer to circle
entrer to enter
envahir to invade
épais(se) thick
épave *f* wreck
épée *f* sword
éplucher to peel
époque *f* epoch
épuisé exhausted
erreur *f* mistake
escalier *m* stairs
esclave *m/f* slave
espagnol Spanish
espion *m* spy
essayer to try
essence *f* gasoline
étage *m* floor
étagère *f* shelf

étaler to spread
étape *f* stopover
été *m* summer
éteint turned off
étonné surprised
étrange strange
être to be
être au courant to know
être dépaysé to feel lost
être plongé dans to be deep into
être pressé to be in a hurry
être ravi (de) to be delighted (with)
être vexé to have one's feelings hurt
être vieux jeu to be old-fashioned
étroit narrow
eux them
évidemment of course
évident obvious
éviter to avoid
exactement exactly
exagérer to exaggerate
excuser to excuse
exprès on purpose
extrêmement very

fabriquer to make
facile easy
faire to make, to do
faire demi-tour to turn around
faire des courses to go shopping
faire du ski to go skiing
faire la cuisine to cook
faire le plein to fill the tank
faire le point to review the situation
faire le tour to turn around
faire semblant to pretend
faire signe to wave
fameux (-euse) famous
farfelu weird
fatigue *f* tiredness
fatigué tired
fauché broke
faussaire counterfeiter
fauteuil *m* armchair
faux, fausse false, wrong
femme *f* wife
fermer to close
fève *f* a bean, charm hidden in the cake
février February

fibre *f* fibre, cable
se fier à to trust
filature *f* shadowing, tailing
fil de fer barbelé *m* barbed wire
filer to go fast; to shadow; to spin
fils *m* son
fin *f* end
finir to finish
fois *f* time
fond *m* end, bottom,
fondre en larmes to burst into tears
force *f* strength
former to form
formidable fantastic, great
fort strong; loud
fortifié fortified
fou, folle mad, crazy
foule *f* crowd
four *m* oven
frais, fraîche fresh, cool
franc *m* franc
franchement really
frère *m* brother
frite *f* French fry
fromage *m* cheese
fruits de mer *m* seafood
furieux (-euse) furious
fusil *m* gun, rifle

galette *f* flat round cake
garder to keep
gardien *m* keeper
gâteau *m* cake
gâter to spoil, to ruin
gaulois *m* gallic
gendre *m* son -in-law
gêne *f* embarrassment
gêné annoyed, uneasy,
gêner to bother
gens *m* people
géographie *f* geography
glace *f* ice cream
gobelet *m* tumbler
gomme *f* eraser
gouvernant *m* leader
grâce à thanks to
grand-père *m* grand-father
gratter to scratch
grave serious, important
grillage *m* wire netting

gros(se) big; **grosse voix** loud voice
groupe *m* group
gruyère *m* Swiss cheese
guetter to watch
guichet *m* ticket window

habilement skillfully, cleverly
habiller to dress
habiter to live
hameau *m* hamlet
haut *m* top
hélàs alas
en herbe budding
hésiter to hesitate
hétéroclite sundry, assorted
heureux (-euse) happy
se heurter à to collide with
hirsute shaggy
histoire *f* story, history
hiver *m* winter
homme *m* man
honnêteté *f* honesty
honte *f* shame
honteux (-euse) shameful, ashamed
horreur *f* horror
hors d'œuvre *m* appetizer, first
  course
huître *f* oyster
humeur *f* mood

ici here
idiot stupid, idiot
il y a there is
il he
ils they
immense huge
immeuble *m* apartment building
immigré immigrant
imperturbable unshakeable
impressionnant impressive
imprimante *f* printer
impulsif (-ive) impulsive
impunément with impunity
inadapté maladjusted
inattendu unexpected
inauguration *f* opening day
incroyable incredible
indice *m* clue
inhabituel unusual
inquiétant worrying

insolite strange
s'installer to settle down
interdit forbidden
intérêt *m* interest
intrusion *f* intrusion
invisible invisible
invité guest

jambon *m* ham
janvier January
jardin *m* garden
jaune yellow
je I
jeu *m* game
jeudi Thursday
jeune young
joie *f* joy
jouer to play
jour *m* day; **jour de chance** *m* lucky day
journal *m* newspaper
journal télévisé *m* news on TV
journée *f* day
judicieusement judiciously
juge *m* judge
jus d'orange *m* orange juice
jusqu'à until
justement precisely

la the; her, it
là there
lancer to throw
la plupart most
largeur *f* width
larme *f* tear
le sien, la sienne his, hers
le the; him, it
leçon *f* lesson
lecture *f* reading
lendemain *m* the next day
les the; them
leur their; (to) them
se lever to get up
lèvre *f* lip
libre free
lit *m* bed
loger to live
loin (de) far (from)
longtemps a long time
louche suspicious

lui (to) him, (to) her
lumière *f* light
lumineux (-euse) shining
lunettes *f* glasses

ma my
madame Mrs.
mademoiselle miss
magique magic
magnifique magnificent
maigre thin, skinny
main *f* hand
maintenant now
mairie *f* city hall
maison *f* home; **maison de retraite** *f* retirement home
mal à l'aise uneasy
mal bad
malgré in spite of
malheureusement unfortunately
malhonnête dishonest
malhonnêteté *f* dishonesty
manquer to miss
maquette *f* model, sketch
marché *m* market
marée basse *f* low tide
mari *m* husband
marron brown
maths *f* mathematics
matin *m* morning
matinal morning, early
mauvais bad
mauvais état bad condition
médaille *f* medal, decoration
mêler to mix
même even
menace *f* threat, intimidation
mentir to lie
méprisant disdainful
mer *f* sea
merci thank you
mes my
mesurer to measure
métallique metallic
métier *m* job
mètre *m* metre, rule
métro *m* subway
mettre to put, to place
mettre la table to set the table
mettre sur pied to organize

midi *m* noon, midday
mieux better
militairement militarily
mille fois a thousand times
mince thin
minute *f* minute
moi me
moins less
mois *m* month
mon my
monde *m* people; world
mondial worldly
monnaie *f* change
monsieur Mr., sir
monstrueux (-euse) monstrous
montagne *f* mountain
montrer to show
se moquer de to make fun of
morceau *m* a bite, a piece
mort dead
mot *m* word
moteur *m* motor
mots croisés *m* crossword puzzle
mousse *f* moss
mouton *m* sheep
mouvement *m* movement
moyenâgeux (-euse) of the middle ages
muret *m* small wall
musée *m* museum
mystère *m* mystery
mystérieux (-euse) mysterious

naïf (-ïve) naive
naïveté *f* naivety
ne...pas not
neige *f* snow
nerveux (-euse) nervous
net, nette exact
nez à nez face to face
ni neither
n'importe qui anyone
Noël Christmas
noir black
non no
nord *m* north
nos our
notre our
nourriture *f* food
nous we
nouveau, nouvelle new

objet *m* object
observer to observe
on one, you
oncle *m* uncle
onzième eleventh
opposé opposite
orange orange
ordinateur *m* computer
oreille *f* ear
oser to dare
où where
oublier to forget
oui yes
ouvrir to open

pain *m* bread
pain au chocolat *m* chocolate-filled roll
palette *f* painter's palette
pan *m* side
panneau d'affichage *m* bulletin board
pantalon pants
papeterie *f* stationery store
papier peint *m* wall paper
par contre on the other hand
par terre on the ground
parabole *f* parabola
parfait perfect
parfaitement perfectly
parler to speak, to talk
partager to share
partir to leave
partout everywhere
pas *m* step
passé *m* past
passer (par) to go (by)
se passer to happen
pâté de maisons *m* block
pâtisserie *f* pastry shop
pauvre poor
paysage *m* landscape
pêcheur *m* fisherman
peintre *m* painter
pendant during; **pendant que** while
pénétrer to penetrate
pénible painful
penser to think
pension *f* pension
pensionnaire *m* resident
perdre to lose

perdu lost
permission *f* permission
perruque *f* wig
personne *f* person
pesant heavy
peser to weigh
petit little
petite-fille *f* granddaughter
peur *f* fear
peut-être maybe
philosophie *f* philosophy
pièce *f* coin, room
pigeon *m* sucker
piste *f* trail
place *f* room, square
placer to set, to place
plafond *m* ceiling
plaire to like
plaisanterie *f* joke
plaisir *m* pleasure
plan d'action *m* plan of action
plan *m* map
plancher *m* floor
pleurer to cry
plus...que more...than
poche *f* pocket
poivre *m* pepper
politesse *f* politeness
pomme de terre *f* potato
port de pêche *m* fishing port
porte-fenêtre *f* French door
portefeuille *m* wallet
porter plainte to complain
poser to place, to put down
poste *f* post office
poste *m* position
pour in order to, for
pourquoi why
poursuite *f* pursuit
pousser to push
pouvoir to be able to
se précipiter to rush
précipitamment quickly
préféré favorite
premier (-ière) first
prendre to take
près de near
présence *f* presence
presque almost
presser le pas to hurry

prêt, prête ready
prier quelqu'un de to ask someone to
printemps *m* spring
prison *f* jail
prix *m* price
prochain next
professeur *m* teacher
profiter de to take advantage of
(se) promettre de to promise
se prononcer to come to a decision
propre clean
protéger to protect
provisions *f* groceries, shopping
prudemment carefully
puis then
puisque since

quand when
quand même anyway
quant à as for
quartier *m* neighborhood
que that
Que, qu'est-ce que What?
quel, quels, quelle, quelles which
quelque(s) some
quelque chose something
quelqu'un someone
qu'est-ce qui se passe what's going on
questionner to ask
qui who, which
quinzième fifteenth
quitter to leave
quoi what
quotidien daily

raconter to tell
raison *f* reason
ramasser to pick up
rameur *m* rowing machine
râpé grated
réceptionniste *f* receptionist
recevoir to receive
reconnaître to recognize
recycler to recycle
réfléchir to think
réflexion *f* thought
réfrigérateur *m* refrigerator
regarder to look (at)
remerciement *m* thanks
remonter to go up

rencontrer to meet
rendez-vous *m* a date
rendre to return, to give back
se rendre à l'évidence to accept the truth
se rendre compte to realize
rendre visite à to visit
renseignement *m* information
se renseigner to inquire
rentrée *f* first day of classes
rentrer to return
reprendre ses esprits to get over one's shock
rester to stay, to be left
retour *m* return
se retourner to turn around
retrouver to find
réviser to review
revue *f* magazine
riche rich
rideau *m* curtain
ridicule ridiculous
rien nothing
rime *f* a rime
rire aux éclats to burst out laughing
rire to laugh
rocher *m* rock
roi *m* king
roman policier *m* detective novel
rompre to break
rondelle *f* slice
ronronnement *m* purring
rose *f* rose
rouge red
rougir to blush
rue *f* street
ruine *f* ruin

sa his, her, its
sac *m* bag
sac postal *m* postal bag
sale bête *f* stupid animal
salle *f* room; concert hall; **salle de séjour** *f* den, living-room
saluer to greet
salut! Hi !
sans without
sauf except
saumon *m* salmon
se sauver to run away
savoir to know

scooter *m* scooter, moped
sèche-cheveux *m* hair dryer
seconde guerre mondiale World War 2
secrètement secretly
semaine *f* week
sembler to seem
sens de l'humour sense of humour
sentier *m* path
se sentir to feel
sérieux (-ieuse) serious
se servir de to use
ses his, her, its
seul alone
si so, such
sieste *f* nap
s'il te plaît, s'il vous plaît please
soigneusement carefully
soir *m* evening
soirée *f* evening
solde *f* sale; **en solde** on sale
solide solid
son his, her, its
sonner to ring
sorcière *f* witch
sorte *f* kind
sortie *f* exit
sortir to go out, to take out
soudain suddenly
soupçon *m* suspicion
sourcil *m* eyebrow
souris *f* mouse
sous under
sous-sol *m* basement
soutirer to get something out of somebody
se souvenir to remember
souvent often
spatiale spatial
spécialité *f* specialty
square *m* small park
stade *m* stadium
stratagème *m* stratagem
stratégie *f* strategy
strident piercing
stylo *m* pen
subjuguer to subjugate
sud *m* south
suivre to follow
superbe splendid
sûr certain, sure
sur on top of

surligneur *m* highlighter
surprendre to surprise
sursauter to jump
sursis *m* suspension of sentence
surtout specially
sympathique nice

ta your
tabatière *f* tobaco pouch
taille *f* waist
tant de so many, so much
tant pis too bad
tapis de marche *m* treadmill
tas *m* pile
temps *m* time; weather
tenir to hold
tenir au courant to keep up to date
terminus *m* the end of the line
terrasse *f* terrace
tes your
tête *f* head
timbre *m* stamp
tiroir *m* drawer
toi you
toiture *f* roof
tomate *f* tomato
tomber to fall
ton your
toucher to touch; **toucher de l'argent** to get money
tour *f* tower
tour *m* tour, turn around
tout, toute, tous, toutes all; **en tout** altogether; **tout le monde** everybody
traditionnel traditional
traduire to translate
trahir to betray
train *m* train; **être en train de** to be in the process of
tranche *f* slice
tranquille quiet
travailler to work
traverser to cross
très very
trésor *m* treasure
trêve *f* truce
trio *m* trio
trois three
troisième third

trombone *m* paper clip
trop too much, too many
trottoir *m* sidewalk
trou *m* hole
trouver to find; **se trouver** to be located
truc *m* a thing
tu you
typiquement typically

un peu a little
un, une one, a
urgent urgent
utile useful

vacances *f* vacation
vaste huge
venir (de) to come (from)
vent *m* wind
vente aux enchères *f* auction
véritable true
vers towards
veste *f* jacket
vide empty
vie *f* life
vieux, vieille old
village *m* village
virage *m* curve
visage *m* face
visiteur *m* visitor
vitesse *f* speed
vitrine *f* shop window
vivre to live
voilà here you are
voir to see
voisin(e) neighbor
vol *m* flight
volontiers willingly
vos your
votre your
vouloir to want
vous you
voyage *m* trip; **voyage organisé** *m* organized trip
voyager to travel
vrai true

wagon *m* train car

zut! oh heck!